KÖNIGS ERLÄUTERUNGEN

Band 338

W0379123

Textanalyse und Interpretation zu

Aldous Huxley

BRAVE NEW WORLD

Sabine Hasenbach

Alle erforderlichen Infos für Abitur, Matura, Klausur und Referat
plus Musteraufgaben mit Lösungsansätzen

Bange Verlag

Zitierte Ausgabe:
Huxley, Aldous: *Brave New World*. Hrsg. von Dieter Hamblock.
Stuttgart: Reclam, 2008.

Über die Autorin dieser Erläuterung:
Sabine Hasenbach hat Mineralogie (mit den Nebenfächern Mathematik, Physik und Chemie) an den Universitäten Köln und Bonn sowie Literaturwissenschaft (mit den Nebenfächern Psychologie und Soziologie) an der FernUniversität in Hagen studiert, wo sie mit einer Arbeit über Katherine Mansfield graduiert worden ist. Sie wohnt in Düsseldorf und arbeitet an der dortigen Heinrich-Heine-Universität. In ihrer Freizeit läuft sie Langstrecke.

4. Auflage 2019
ISBN: 978-3-8044-1995-7
PDF: 978-3-8044-5995-3, EPUB: 978-3-8044-6995-2
© 2013 by C. Bange Verlag GmbH, 96142 Hollfeld
Alle Rechte vorbehalten!
Titelbild: © ullstein bild – imagebrocker.net/Simone Brandt
Druck und Weiterverarbeitung: Tiskárna Akcent, Vimperk

1. DAS WICHTIGSTE AUF EINEN BLICK – SCHNELLÜBERSICHT

Damit sich jeder Leser in unserem Band rasch zurechtfindet und das für ihn Interessante gleich entdeckt, hier eine Übersicht.

Im 2. Kapitel beschreiben wir das Leben von **Aldous L. Huxley** und stellen den **zeit- und wissenschaftsgeschichtlichen Hintergrund** dar:

⇨ S. 9 ff.

→ Aldous Leonard Huxley wurde **am 26. Juli 1894 in Godalming/England geboren** und **starb am 22. November 1963**. Er lebte in London/Großbritannien, Frankreich und Italien sowie in den USA.

⇨ S. 13 ff.

→ Huxley portraitiert in seinem Roman den **Totalitarismus** als politisches System und den **Fordismus** als Wirtschaftssystem. Außerdem verweist er explizit auf die psychologische Schule des **Behaviorismus.**

⇨ S. 19 ff.

→ *Brave New World* ist **1932 erschienen**. Auf sich aufmerksam machte Huxley mit den zuvor publizierten Romanen *Crome Yellow* (1921) und *Point Counter Point* (1928).

⇨ S. 23 ff.

Im 3. Kapitel bieten wir **Textanalyse und -interpretation**.

Brave New World – Entstehung und Quellen:

⇨ S. 23 ff.

→ 1926 Inspiration durch einen **USA-Aufenthalt (1926)**, den Besuch des **Chemiekonzerns ICI** und den zeitgenössischen, kritiklosen **Fortschrittsglauben**.

→ 1931 Huxley schreibt *Brave New World.*

→ 1932 Publikation von *Brave New World* bei Chatto & Windus, London.

Inhalt:

Schauplatz des Romans in 18 Kapiteln ist ein futuristischer, totalitärer Staat, der von zehn *Controllern* regiert wird. Krieg, Armut, Krankheit, Religion und Kunst sind verschwunden zugunsten einer rigiden Sozialstruktur und einem ausgeprägten Konsumverhalten. Embryos werden künstlich erzeugt, konditioniert und prädestiniert. Unzufriedenheit wird mit der Droge Soma im Keim erstickt, Promiskuität ist Pflicht. Lenina Crowne und Bernard Marx stoßen bei einem Ausflug in die Reservation auf die verschollen geglaubte Linda und ihren Sohn John. Sie kehren mit beiden nach London zurück. John wird zum Star der Londoner Gesellschaft, doch erlebt er diese als kultur- und würdelos. Abgestoßen ist er auch über die unverhüllte Sinnlichkeit Leninas, in die er sich verliebt hat. Nach einer versuchten Revolte werden John, Marx und Holmes-Watson bei dem *Controller* Mond vorgeführt. Dieser schickt Marx und Holmes-Watson in die Verbannung, während John einen abgeschiedenen Leuchtturm bezieht. Von moralischen Schuldgefühlen nach einer Orgie geplagt, setzt John seinem Leben beschämt ein Ende und erhängt sich. ⇨ S. 26 ff.

Chronologie und Schauplätze:

Die Handlung des Romans spielt im Jahr 632 nach Ford (2 540 n. Chr.). Schauplätze sind ein Reservat in Neu-Mexiko und London und Surrey im Weltstaat.

Personen:

Die Hauptpersonen sind

Mustapha Mond: ⇨ S. 46 ff.

→ Controller: eine der zehn mächtigsten Personen im Weltstaat

➪ S. 48 ff.

John the Savage:

→ aufgewachsen als Außenseiter im Reservat

→ fortschreitende Desillusionierung im Weltstaat

➪ S. 51 ff.

Bernard Marx:

→ „Alpha-Plus" und individualistischer Außenseiter

→ findet John im Reservat und missbraucht ihn für seine Zwecke

➪ S. 53 f.

Helmholtz Holmes-Watson:

→ „Alpha-Plus" und Freund von Marx

→ besitzt revolutionäres Potential

➪ S. 55 ff.

Lenina Crowne:

→ völlig systemkonforme, attraktive „Beta"

→ fühlt sich zu John hingezogen.

➪ S. 56 ff.

Auch auf wichtige **Nebenfiguren** wird eingegangen.

Stil und Sprache von Aldous L. Huxley:

➪ S. 64 ff.

Huxley schreibt in einer **klaren, verständlichen**, mitunter **ironischen und technisch-wissenschaftlichen Sprache**. Es finden sich **intertextuelle Bezüge, Wortneuschöpfungen und Anspielungen**.

Interpretationsansätze

➪ S. 85 ff.

Im Weltstaat der *Brave New World* wird ein **totalitärer Wissenschaftsstaat** mit inhumanen Tendenzen von Huxley beschrieben. *Brave New World* gehört gattungsgeschichtlich in den Bereich der **Satire und der Anti-Utopie/Dystopie**.

2. ALDOUS HUXLEY: LEBEN UND WERK

Aldous Leonard Huxley 1894–1963 © ullstein bild

2.1 Biografie[1]

JAHR	ORT	EREIGNIS	ALTER
1894	Godalming/ Grafschaft Surrey, England	Aldous Leonard Huxley wird am 26. Juli als drittes Kind von Leonard Huxley und Julia Arnold geboren. Die Eltern entstammen renommierten Intellektuellenfamilien.[2]	
1908	Godalming Eton/Grafschaft Berkshire, England	Tod der Mutter. Aufnahme am Eton College.	14
1911	Eton	Erkrankung an Keratitis punctata, zeitweilige völlige Erblindung, danach dauernde Schwächung des Sehvermögens.	17
1912	Marburg und Grenoble	Bildungsreise nach Deutschland und Frankreich.	18
1913	Oxford/ Grafschaft Oxfordshire, England	Aufnahme des Studiums der Anglistik am Baillol College, Universität Oxford. Am 15. August 1914 begeht sein Bruder Trevenen Selbstmord.	19
1916	Oxford	Abschluss des Studiums und Graduierung zum Bachelor of Arts (B.A.). Zivildienst in Garsington Manor, dem Landsitz Ottoline Morrells; Bekanntschaft mit der Bloomsbury-Gruppe um Virginia Woolf, mit John Middleton Murry und Katherine Mansfield und anderen aufstrebenden Schriftstellern seiner Zeit.	22

1 Angabe der wichtigsten Werke mit Jahr der Erstveröffentlichung.

2 Leonard Huxley war ein renommierter Schriftsteller und Sohn des Evolutionsbiologen Thomas Henry Huxley. Julia Arnold war die Nichte des führenden viktorianischen Kulturkritikers Matthew Arnold und arbeitete als Lehrerin.

JAHR	ORT	EREIGNIS	ALTER
		Erste Beiträge für die Literaturzeitschrift *The Athenaeum*, Publikation von Gedichten (*The Burning Wheel*). Arbeit als Aushilfslehrer.	
1919	Bellem, Belgien	Aldous L. Huxley heiratet am 10.6. die Belgierin Maria Nys. Das Paar lässt sich im Londoner Stadtteil Hampstead nieder.	25
1920	London	Geburt des Sohnes Matthew. Huxley tritt eine Stelle bei der *Westminster Gazette* an. Mit *Limbo* erscheint eine Anthologie von Kurzgeschichten.	26
1921	Italien	Verlegung des Wohnsitzes nach Italien. **Publikation des Debutromans *Crome Yellow*** (dt. *Eine Gesellschaft auf dem Lande*).	27
1923		Publikation des Romans *Antic Hay* (dt. *Narrenreigen*).	29
1925		Veröffentlichung von *Along the the Road: Notes and essays of a tourist* als literarisches Ergebnis des Italien- und Frankreichaufenthalts.	31
1926	USA	Aufenthalt in den USA. Enge Freundschaft mit David Herbert Lawrence.	32
1928		Veröffentlichung des Romans *Point Counter Point* (dt. *Kontrapunkt des Lebens*).	34
1930	Sanary-sur-Mer (Provence)/ Südfrankreich	Huxley und seine Familie beziehen ein Haus in Sanary-sur-Mer.	36
1932		**Publikation des Romans *Brave New World*** (dt. *Schöne neue Welt*). Huxley beginnt sich mit religiösen und philosophischen Fragen auseinanderzusetzen.	38
1933		Tod des Vaters.	39

JAHR	ORT	EREIGNIS	ALTER
1936		Veröffentlichung des Romans *Eyeless in Gaza* (dt. *Geblendet in Gaza*).	42
1937	New York San Cristóbal	Huxley geht mit seiner Familie in die USA, dann nach Mexiko.	43
1938	Llano/ Kalifornien, USA	Huxley lässt sich mit seiner Familie im kalifornischen Llano nieder und schreibt Drehbücher für die amerikanische Filmindustrie.	44
1939		Der Roman *After many a Summer dies the Swan* (dt. *Nach vielen Sommern*) erscheint.	45
1945		Publikation der philosophischen Schrift *The Perennial Philosophy* (dt. *Die ewige Philosophie*).	51
1946		Publikation von *Science, Liberty and Piece* (dt. *Wissenschaft, Freiheit und Frieden*).	52
1948	Europa	Erste Europareise nach dem Krieg.	54
1949		Publikation von *Ape and Essence* (dt. *Affe und Wesen*).	55
1952		Publikation von *The Devils of Loudun* (dt. *Die Teufel von Loudun*).	58
1954	 Europa	Publikation der Essaysammlung *The Doors of Perception* (dt. *Die Pforten der Wahrnehmung*) als literarisches Ergebnis von Drogenexperimenten[3]. Zweite Reise durch Europa und den Mittelmeerraum.	60
1955	Llano	Tod seiner Frau Maria Huxley.	61
1956		Aldous L. Huxley heiratet die Musikerin und Schriftstellerin Laura Archera.	62

---

3 In den 1950er-Jahren führte Huxley kontrollierte Selbstversuche mit Mescalin und LSD zum Zweck der Bewusstseinserweiterung durch. Eine Abhängigkeit entwickelte sich nicht.

JAHR	ORT	EREIGNIS	ALTER
1958	Südamerika Europa	Reise nach Peru und Brasilien. Dritter Europaaufenthalt mit Vortragsreise durch Italien. Publikation der Essaysammlung *Brave New World Revisited*.	64
1959	USA	Huxley übernimmt Gastprofessuren an den Universitäten Santa Barbara, Boston und Berkeley. Auszeichnung mit „Award of Merit" durch die „American Academy of Arts and Letters" für *Brave New World*.	65
1961	Europa Los Angeles	Abermalige Reise nach Europa. Verlust seines Hauses in Los Angeles durch einen Waldbrand.	67
1962		Der Roman *Island* erscheint (dt. *Eiland*); „Companion of Literature" der „Royal Society of Literature".	68
1963	Los Angeles	Die Essaysammlung *Literature and Science* erscheint. Am 22. November stirbt Aldous L. Huxley an den Folgen eines Zungenkarzinoms.	69

2.2 Zeitgeschichtlicher Hintergrund

ZUSAMMEN-FASSUNG

Aldous Huxley hat mit *Brave New World* zwar ein Zukunftsgeschehen erzählt, sich dabei aber auf einen **konkreten zeitgeschichtlichen Hintergrund** bezogen. Dieser zeitgeschichtliche Hintergrund ist geprägt vom **Totalitarismus** als politisches System und dem **Fordismus** als Wirtschaftssystem. Der Roman gehört zur literaturhistorischen Epoche der **literarischen Moderne**. Diese thematisiert die Selbsterfahrung des Menschen in einer krisenhaften Zeit.

Totalitarismus

Ideologie, zentral gelenkte Wirtschaft, Negierung individueller Rechte

Der Totalitarismus ist ein politisches System, das den Staat absolut setzt. Charakteristisch für den Totalitarismus ist eine Ideologie (vgl. *Brave New World* S. 21: „Community, Identity, Stability"), eine **Ein-Parteien-Regierung mit einer Führerpersönlichkeit**, ein Medien- und Informationsmonopol, ein Waffenmonopol und eine zentral gelenkte Wirtschaft. Menschen in einem totalitären System sind einer **propagandistischen Gleichschaltung** mit einem damit verbundenen ausgeprägten Anpassungsdruck unterworfen. Individuelle Rechte werden negiert und Verstöße gegen die Regeln des Systems rücksichtslos verfolgt und sanktioniert. Auf die **systemtypische Überwachung** der Bürger durch den totalitären Staat verweist Huxley, als sich Bernard Marx wegen unangepassten Verhaltens mit seinem Vorgesetzten konfrontiert sieht: „And I should like to take this opportunity, Mr. Marx, ... of saying that I'm not at all pleased with the reports I receive of your behaviour outside working hours." (S. 126/127)

Totalitäre Systeme in der UdSSR und Italien

Zur Zeit der Niederschrift (1931) von *Brave New World* war mit der **UdSSR** unter Josef Stalin ein totalitäres Regime etabliert, zu dessen früher Entstehungsgeschichte die Übernahme der Regierungsgeschäfte durch Wladimir I. Lenin und Leo Trotzki[4], sowie die Ermordung von Intellektuellen gehörte. Huxley rekurriert auf diese Vorgänge, als er Mustapha Mond von einer Tötung Intellektueller berichten lässt: „Then came the famous British Museum Massacre. Two thousand culture fans gassed with dichlorethyl sulphide." (S. 75)

Ein totalitäres System faschistischer Prägung hatte sich zur damaligen Zeit außerdem in **Italien** unter Benito Mussolini etabliert (Huxley spielt mit dem Namen „Benito Hoover" darauf an), in Deutschland war Adolf Hitler noch ein Jahr von der Machtübernahme (1933) entfernt. Auch in Großbritannien begann sich eine faschistische Kraft zu formieren, so gründete Oswald Mosley im Jahr der Niederschrift von *Brave New World* die „New Party".

Fordismus

Industrielle Massenproduktion und Konsum

Der Begriff Fordismus steht für eine Produktions- und Distributionsweise, die auf **industrielle Massenproduktion und Massenkaufkraft** setzt, und geht auf den amerikanischen Großindustriellen Henry Ford (1863–1947) zurück. Dieser gründete 1903 die „Ford Motor Company" und begann Kraftwagen zu produzieren. 1908 brachte Ford den Kleinwagen „T4" mit dem Spitznamen „Tin Lizzy" auf den Markt. Ab 1914 führte er die Fließbandproduktion ein. Dies war der Einstieg in die Massenproduktion. 1940 war Ford zum zweitgrößten Automobilproduzenten der Welt aufgestiegen.

---

4 Die Namen „Lenina Crowne" und „Polly Trotsky" in *Brave New World* verweisen auf diese beiden Männer. Vgl. auch Kapitel 3.4.

Henry Ford I. mit seinem „Tin Lizzie“ © ullstein bild

Was macht den Fordismus aus? Typisch ist die industrielle Massenerzeugung sowie die Generierung eines entsprechenden Absatzmarktes. Um einen solchen Markt zu schaffen, strebt der Fordismus

- → gesicherte Beschäftigung,
- → eine Bezahlung über dem Existenzminimum,
- → eine Grundversorgung im Krankheitsfall,
- → sowie im Alter einen leichten Zugang zu Krediten an.

Ford versprach **Wachstum und Konsum** für alle und stellte diese wirtschaftlichen Kriterien in einen moralischen Kontext: „Verbrauch ist positiv, aktiv, lebensspendend … Verbrauch erhöht die

Summe alles Guten."[5] Dabei stellte Ford seine Wirtschaftsethik in einen geschichtlichen Zusammenhang: „Wir leben in dem großen Zeitalter der Umwandlung des Lebenskampfes in den Lebensgenuss."[6]

Verehrung von Ford in *Brave New World*

In *Brave New World* finden sich zahlreiche Anspielungen auf das Unternehmen Ford. So beginnt mit der Auslieferung des Ford T4-Modells eine neue Zeitrechnung: „The introduction of Our Ford's first T-Model ... Chosen as the opening date of the new era." (S. 77) Des Weiteren wird Ford im Regime des Weltstaates wie eine Gottheit verehrt wird, so ist von ihm als „Our Ford" (S. 45) die Rede. Huxley verweist auch auf den von Ford angestrebten Massenkonsum, so lässt er Mustapha Mond eine allgemeine Verbrauchspflicht erwähnen: „For example, there was the conscription of consumption." (S. 74)

Literaturszene der 1930er-Jahre in Großbritannien

Neue literarische Impulse

Die Jahrhundertwende mit ihren fundmentalen sozialen und weltanschaulichen Veränderungen, vor allem jedoch der Erste Weltkrieg, lösten in der Folge neue literarische Impulse aus. Führender künstlerisch/literarischer Zirkel in der Zeit zwischen den Weltkriegen war die **Bloomsbury Group** – benannt nach einem Stadtteil Londons. Zu diesem Künstlerkreis um Virginia Woolf zählten u. a. der Wirtschaftswissenschaftler (als Exot) John Maynard Keynes, die Maler und Kunstkritiker Vanessa und Clive Bell, Roger Fry und Duncan Grant. Bekannte Schriftsteller dieses Zirkels waren beispielsweise Lytton Strachey, E. M. Foster und eben Virginia Woolf. Woolf betrieb neben ihrer schriftstellerischen Tätigkeit mit ihrem Ehemann

---

5 Zitiert nach Fehl, *Fordismus und Städtebau um 1930. „Auflösung" oder „Auflockerung" der Großstadt*, S. 62.

6 Ebd.

Leonard Woolf zusammen die Hogarth Press und publizierte hier Literatur, die Ausdruck der neuen Ästhetik und Thematik war, so z. B. Kurzgeschichten von Katherine Mansfield. Ottoline Morrell hatte auf ihrem Landsitz Garsington Manor einige Künstler aus der Bloomsbury Group zu Gast. Dort lernte Aldous Huxley auch den einen oder anderen und vor allem ihre Lebensweise kennen, die er in seinem Werk *Crome Yellow* überspitzt darstellte (vgl. Kapitel 2.3).

Literatur der Moderne

Literaturhistorisch sind die 1930er-Jahre der Literatur der Moderne zugeordnet. Die **literarische Moderne** versteht sich als kritische Stimme gegen die Einseitigkeit der technischen und ökonomischen Moderne. Sie stellt Problematiken dar wie die Selbsterfahrung des Menschen in einer Welt im Umbruch und seine Verlorenheit angesichts von Werteverlust. Thematisiert werden Desorientierung und eine kritische **Wirklichkeitswahrnehmung** mit den innovativen erzählerischen Mitteln stream of consciousness und innerer Monolog oder der Montagetechnik (vgl. Kapitel 3.6 Szenisches Erzählen).

Wichtige britische Romane der literarischen Moderne

Die literarische Moderne prägen Autoren wie die erwähnte Virginia Woolf und James Joyce. Wichtige britische Romane der literarischen Moderne 1920–1935 sind:

→ ***Ulysses*** (1922) von James Joyce.
  Joyce beschreibt einen Tag im Leben eines Angestellten und eines Hilfslehrers. Als einer der ersten Schriftsteller arbeitet Joyce konsequent mit dem inneren Monolog und stream of consciousness.
→ ***Mrs Dalloway*** (1925) von Virginia Woolf.
  Eine Frau bereitet eine Abendgesellschaft vor und lässt dabei ihr bisheriges Leben Revue passieren. Dies geschieht in einer dichten Abfolge von Gedanken, die auf erzähltechnisch höchstem Niveau (stream of consciousness und innerem Monolog)

dargestellt werden. Parallel dazu wird die Geschichte eines traumatisierten Soldaten erzählt.

→ ***To the Lighthouse*** (1927; dt. *Zum Leuchtturm*) von Virginia Woolf.
Thema des Romans ist die Rollenverteilung in einer viktorianisch geprägten Familie und die Folgen für das Individuum.

→ ***The Waves*** (1931; dt. *Die Wellen*) von Virginia Woolf.
In diesem Roman werden die Entwicklung und Reflexionen von sechs Menschen dargestellt, beinahe durchweg als stream of consciousness.

2.3 Angaben und Erläuterungen zu wesentlichen Werken

ZUSAMMENFASSUNG

Aldous L. Huxley schrieb zunächst **Lyrik und Literaturkritik**, um sich dann der **Romankunst** zuzuwenden. Sein Romanschaffen kann in drei Phasen eingeteilt werden[7]:

→ Frühwerk: *Crome Yellow* (1921), *Antic Hay* (1923), *Those Barren Leaves* (1925), *Point Counter Point* (1928);
→ Übergang: *Brave New World* (1932), *Eyeless in Gaza* (1936);
→ Spätwerk: *Ape and Essence* (1949), *Island* (1962).

In allen Phasen seines Romanschaffens ging es Aldous L. Huxley um **gesellschaftliche Werte**.

Frühwerk

Crome Yellow

Huxley begann seinen Weg als erzählender Literat 1921 mit seinem Debutroman ***Crome Yellow***. Die Handlung des Romans ist auf dem Landsitz Crome angesiedelt. Dort treffen sich Intellektuelle und gut situierte Müßiggänger, um ihre Ansichten vom Leben und der Welt zum Besten zu geben. Der Roman ist respektlos, da Huxley diese Ansichten und Ideen satirisch überspitzt und nebeneinander setzt, so dass sie sich gegenseitig entlarven. Vorlage für das *setting* ist der Landsitz Garsington Manor Ottoline Morrells, auf dem sich Huxley 1916 aufgehalten hatte. Morrell erkannte sich und ihren Zirkel (vgl. S. 16) wieder und reagierte recht verstimmt auf den Roman.

Das Frühwerk: Der zweifelnde Intellektuelle

Eine aufmerksame Lektüre von *Crome Yellow* führt von der Gattungsebene (Satire) auf die Verständnisebene und es erschließt sich

---

8 Jahr der Erstveröffentlichung.

BRAVE NEW WORLD IM KONTEXT DES BISHERIGEN SCHAFFENS HUXLEYS

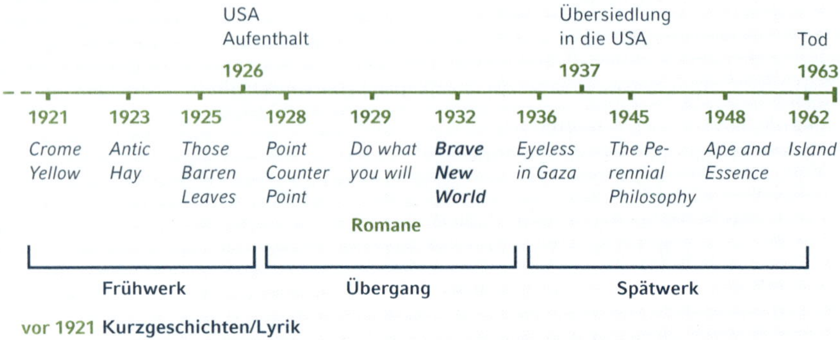

die Thematik der Sinnsuche in einer chaotisch gewordenen Welt, wie es für einen Roman der literarischen Moderne typisch ist. Einer der Protagonisten ist der Dichter Denis Stone. Er leidet an der Realität und zieht sich in eine ideale Welt zurück. Ein weiterer Protagonist, der Zyniker Mr. Scogan, plädiert für einen hierarchisch aufgebauten Zukunftsstaat ohne familiäre Strukturen. Zwei Themen aus *Brave New World* sind in *Crome Yellow* also schon manifest: Der Zweifler und der utopische Staat.

Freizeitindustrie und sexuelle Liberalisierung

Auch im zwei Jahre später erschienenen Roman ***Antic Hay*** gibt es Bezüge zu *Brave New World*. Im Zentrum des Romans steht eine Gruppe von Intellektuellen und Künstlern, darunter Gumbril Junior, der nach seinem Platz in der Gesellschaft sucht. Ein weiteres Thema des Romans ist die Freizeitindustrie. In ***Those Barren Leaves*** (wiederum zwei Jahre später) thematisiert Huxley die sexuelle Liberalisierung, die für ihn mit einer Entwertung der Liebe verbunden ist.

In ***Point Counter Point*** von 1928 steht erneut eine Gruppe von Intellektuellen, Wissenschaftlern und Künstlern im Mittelpunkt des Geschehens. Sie sind emotional verkümmert, da sie die Vielfalt ihrer eigenen menschlichen Natur leugnen zugunsten der Perfektion auf ihrem (Fach-)Gebiet. Huxley thematisiert damit den Aspekt der Inhumanisierung, der in *Brave New World* eine tragende Rolle spielen wird. In allen Romanen seines Frühwerks beschreibt Huxley den **Verlust traditioneller Werte wie Religion, Liebe und Familie** mit einem zweifelnden Intellektuellen im Zentrum des Geschehens.

Inhumanisierung und Verlust traditioneller Werte wie Religion, Liebe und Familie

Übergang

In der Phase des Übergangs bekommt ein Aspekt besondere Bedeutung, der aus der Auseinandersetzung Huxleys mit dem Mystizismus erwächst. In der 1929 erschienenen Essaysammlung *Do what you will*, die den Wechsel vom Frühwerk zur Phase des Übergangs markiert, zeigt sich der Autor als Suchender. So stehen **Kritik und religiös-meditative Fragen** im Vordergrund, kombiniert mit einer kulturkritischen Haltung. In *Brave New World* (1932) klingen durchaus schon mystische Elemente an, wie der amerikanische Literaturwissenschaftler Milton Birnbaum darstellt:

Übergangsphase: Kulturkritik und Mystizismus

> „… as Mustapha Mond is signing the papers banning a work on 'A New Theory of Biology' we learn that one of the reasons for his proscription of the book is that people might begin to think that 'the goal was somewhere beyond, somewhere outside the present human sphere; …'"[8]

Die Mystik ist jedoch nicht das alleinige Thema von *Brave New World*. Vielmehr finden sich dort die satirische Form von *Crome*

---

8 Zitiert nach: Birnbaum, *Aldous Huxley: A quest for values*, S. 167.

Yellow und die Idee der Utopie, wie sie von einem Protagonisten *Crome Yellow*s formuliert wurde. Ebenso sind in *Brave New World* die Auswirkungen der Freizeitindustrie wie in *Antic Hay* formuliert, der Aspekt der sexuellen Liberalisierung aus *Those Barren Leaves* und schließlich der inhumanisierte Intellektuelle aus *Point Counter Point*. Die Mystik wird verstärkt erst in den späteren Werken aufgenommen. Der 1936 publizierte, autobiografisch gefärbte Roman *Eyeless in Gaza* thematisiert beispielsweise die Hinwendung eines nach Spiritualität suchenden Mannes zur fernöstlichen Philosophie und zeugt von Huxleys Auseinandersetzung mit dem Mystizismus, die er seit dem Ende der 1930er-Jahre vertiefte.

Spätwerk

Spätwerk: Harmonie von Körper und Geist

Mit der Vertiefung in die Mystik ging die Auseinandersetzung mit dem **Verhältnis von Körper und Geist** einher. Huxley bezog sich auf das antike Denken, nachdem das Wohlbefinden eines Menschen abhängig ist von seinen inneren Einstellungen und Werten. In dieser Phase seines künstlerischen Lebens experimentierte Huxley mit bewusstseinserweiternden Drogen. Literarischen Niederschlag fand diese Suche nach tieferer Erkenntnis in der 1945 publizierten Essaysammlung *The Perennial Philosophy* (dt. *Die ewige Philosophie*), die den Übergang zum Spätwerk mit seinen repräsentativen Romanen *Ape and Essence* von 1948 und *Island* von 1962 markiert.

In allen Phasen seines Romanschaffens ging es Huxley um **gesellschaftliche Werte**. Er selbst formulierte sein schriftstellerisches Selbstverständnis als ein Fragender:

> „Does the world as a whole possess the value and meaning that we constantly attribute to certain parts of it (such as human beings and their works); and, if so, what is the nature of that value and meaning?“[9]

---

9 Ebd., S. 175.

3. TEXTANALYSE UND -INTERPRETATION

3.1 Entstehung und Quellen

ZUSAMMEN-FASSUNG

Zu *Brave New World* inspiriert wurde Huxley durch:
→ einen USA-Aufenthalt 1926 **(Fordismus)**,
→ den **Besuch des Chemiekonzerns ICI**,
→ den **zeitgenössischen, kritiklosen Fortschrittsglauben**,
→ den utopischen Roman ***Men like Gods* von H. G. Wells**.
1931: Aldous L. Huxley schreibt *Brave New World*.
1932: Erstveröffentlichung bei Chatto & Windus, London.

Konfrontation mit dem Fordismus

1926 hielt sich Huxley in den USA auf und sah sich mit dem von Henry Ford begründeten Wirtschaftssystem des Fordismus mit den Kenngrößen **Massenproduktion und Massenkonsum** konfrontiert (vgl. Kapitel 2.2, Fordismus). Huxley setzte sich mit der Wirtschaftsethik Fords auseinander, so las er auch dessen Autobiografie *My Life and Work* (erschienen 1922; dt. *Mein Leben und Werk*; 1923). Auf sie verweist Huxley im 16. Kapitel seines Romans, als er John im Arbeitszimmer Mustapha Monds ein Buch finden lässt: „He picked it up and opened it. MY LIFE AND WORK, BY OUR FORD.“ (S. 261)

Huxleys Kritik an der Konsumorientierung der Amerikaner ist offensichtlich. Das New Yorker *Time Magazine* formulierte es wie folgt:

„Huxley's 1932 work – about a drugged, dull and mass-produced society of the future – has been challenged for its themes of sexuality, drugs and suicide. The book parodies H.G. Wells' utopian novel *Men Like Gods* and expresses Huxley's disdain for the youth and market-driven culture of the U.S."[10]

Naturwissenschaft und Fortschrittsglaube

Kurz nach seiner Gründung besuchte Huxley das britische **Chemieunternehmen „Imperial Chemical Industries" (ICI)** in Billingham. Seine bei diesem Besuch gewonnenen Eindrücke lässt Huxley in das erste Kapitel seines Romans *Brave New World* einfließen, das geprägt ist von der Beschreibung der Labore und der dort herrschenden Atmosphäre und Produktionsbedingungen. Die Figur Mustapha Mond trägt den Nachnamen eines der Begründer des ICI, Alfred Moritz Mond.

Men like Gods von H. G. Wells

Eine weitere Inspiration bezog Huxley durch den naiven Fortschrittsglauben des jungen 20. Jahrhunderts und dem 1923 erschienenen **utopischen Roman Men like Gods** (dt. *Menschen, Göttern gleich*, 1927) von H. G. Wells. In Wells' Roman findet sich 1921 ein Journalist in einer anderen, um 300 000 Jahre versetzten Welt wieder, die nach den fünf Prinzipien der Freiheit verwaltet wird: Privatheit, unbegrenztes Wissen, Freizügigkeit, Aufrichtigkeit, Meinungsfreiheit. Die Bewohner dominieren die Natur und schaffen Nachkommen nach den gesellschaftlichen Bedürfnissen, erfreuen sich ihrer genetischen Perfektion und frönen der freien Liebe. Nach der Rückkehr auf die Erde möchte der Journalist die Verhältnisse auch dort etabliert sehen und vergegenwärtigt sich des revolutionären Potenzials.

Vorwort wird erst 1946 verfasst

Der in Wells' Utopie manifeste Optimismus ließ in Huxley den Gedanken reifen, mit *Brave New World* eine **Dystopie** (vgl. Kapitel 3.7) zu verfassen und Wells zu parodieren. Die Niederschrift des Romans *Brave New World* war von Huxley in nur wenigen Mona-

---

10 http://entertainment.time.com/2011/01/06/removing-the-n-word-from-huck-finn-top-10-censored-books/slide/brave-new-world

ten abgeschlossen. Der Roman erschien dann 1932 bei den Londoner Verlegern Chatto & Windus, mit denen Huxley schon zuvor einen Dreijahresvertrag erneuert hatte[11]. Das **Vorwort** zu *Brave New World* hat Huxley erst 1946 verfasst. Es ist eine Reflexion über seinen Roman und die Zeitläufe mit einem appellierenden Charakter, in dem Huxley die Menschen auffordert, sich gegen eine Wohlstandsdiktatur zu entscheiden, so lange sie noch frei sind.

In Zusammenhang mit der Entstehungsgeschichte von *Brave New World* wird darüber diskutiert, ob Huxley von dem Roman *We* Jewgenij Samjatins beeinflusst worden ist. Wie in *Brave New World* wird auch in *We* das Leben in einem totalitären Weltstaat beschrieben, der aus einem Krieg hervorgegangen ist, dessen Bewohner emotional verarmt sind und manipuliert werden. Eine Kenntnis dieses Romans hat Huxley konsequent verneint. Dies ist durchaus möglich, da *We* nach seiner Fertigstellung 1920 in der Sowjetunion verboten wurde und erst 1924 im Ausland erschien. Es sollte berücksichtigt werden, dass das Konzept von *Brave New World* bereits in Huxleys 1921 publiziertem Roman *Crome Yellow* angelegt ist.

---

11 Vgl. Bode, S. 15.

3.2 Inhaltsangabe

ZUSAMMEN-FASSUNG

Der Roman beginnt im *Central London Hatchery and Conditioning Centre.* Dessen Direktor und einer der Angestellten führen eine Gruppe Studenten durch die Laboratorien, in denen die fünf Klassen menschlicher Embryos produziert werden: Die Alphas bilden die Elite des Staates, am Ende der sozialen Skala stehen die Epsilons (Kapitel 1). Durch Konditionierung[12], Prädestination[13] und Hypnopädie[14] werden die einzelnen Angehörigen der jeweiligen Kaste auf ihre Funktion in der Gesellschaft vorbereitet (Kapitel 2). Der Alpha Bernard Marx ist in diesem Gefüge ein Außenseiter, hat sich in die Beta Lenina Crowne verliebt und möchte mit ihr einige Tage in einem Reservat in Neu-Mexiko verbringen (Kapitel 3–6). Dort treffen die beiden auf John, den Sohn der verschollenen Linda und dem Direktor. John erzählt aus seinem Leben. Marx organisiert die Reise für John und Linda nach London (Kapitel 7–9).

Marx führt John in die Londoner Gesellschaft ein, deren Liebling er wird, Linda hingegen ergibt sich dem Soma-Rausch. John und Lenina beginnen sich zu begehren, doch John, aufgewachsen mit der Lektüre der gesamten Werke Shake-

12 Konditionierung: Das Erlernen einer bestimmten Reaktion auf einen bestimmten Reiz.. Vgl. eine ausführlichere Darstellung der Konditionierung mit ihren Mechanismen in Kapitel 5.

13 Prädestination: Lehre von der Vorherbestimmung; das Schicksal eines Menschen ist vorherbestimmt. Interessanter Aspekt: Die in *Brave New World* praktizierte Prädestination ist das Einnehmen einer gottgleichen Position.

14 Hypnopädie: Eine Lernmethode, bei der der Lernstoff einer hypnotisierten (oder schlafenden) Person vermittelt wird. 1936 entwickelte A.M. Swajdostsch dieses Sachgebiet methodisch. Hypnopädie funktioniert bei Erlernen purem Faktenwissen, logische Zusammenhänge kann man mit dieser Methode nicht erlernen.

speares und mit einem Idealbild der Liebe im Kopf, will diesem Gefühl nicht nachgeben (Kapitel 10/11). Abgestoßen von der Welt, in der er jetzt lebt, verweigert sich John der Gesellschaft des Weltstaates. Marx ist gesellschaftlich ruiniert (Kapitel 12). Von Lenina und deren unverhüllter Lust wird John abgestoßen (Kapitel 13). Irritiert ist er auch von der Pietätlosigkeit beim Tod Lindas (Kapitel 14). Er initiiert eine Revolte (Kapitel 15) und wird zusammen mit Bernard Marx und Helmholtz Holmes-Watson, einem Freund von Marx und ebenfalls der Subversion verdächtig, dem *Controller* Mustapha Mond vorgeführt (Kapitel 16/17). Mond schickt Marx und Holmes-Watson in die Verbannung, John muss bleiben. Er bezieht einen Leuchtturm, wo er ein einfaches, abgeschiedenes Leben führen will. John fühlt sich am Tod seiner Mutter mitschuldig und erinnert sich an die Erotik Leninas und geißelt sich für diese Gedanken – was erst beobachtet und dann gefilmt wird. Erneut wird John zur Sensation der Menschen, die in Scharen anrücken, um ihn zu begaffen. Eines Tages verliert John die Kontrolle über sich und beteiligt sich an einer Massenorgie. Am nächsten Tag ist er darüber so beschämt, dass er sich erhängt (Kapitel 18).

1. Kapitel: Alphas, Betas und Bokanovsky-Prozess

Menschen aus dem Labor

Der Direktor des *Central London Hatchery and Conditioning Centre*, der „D. H. C.", führt im Jahr 632 nach Ford Studenten durch sein Institut und erklärt ihnen den industriellen Produktionsprozess von Menschen. In dem Institut werden fünf Klassen menschlicher Embryos produziert: Alphas, Betas, Gammas, Deltas und Epsilons. Die

Alphas bilden die Elite des Staates, am Ende der sozialen Skala stehen die Epsilons.

Community, Identity, Stability

Der D. H. C. demonstriert die Entstehungsbedingungen für die Alphas und Betas und den Bokanovsky-Prozess, dem die Gammas, die Deltas und Epsilons unterzogen werden. „Essentially ... bokanovskification consists of a series of arrests of development. We check the normal growth and, paradoxically enough, the egg responds by budding.“[15] (S. 25) Der Bokanovsky-Prozess erweist sich als eine Massenproduktion von jeweils identischen Geschöpfen und wird vom D. H. C. als eine der Hauptstützen der Gesellschaft bezeichnet: „Bokanovsky's Process is one of the major instruments of social stability.“ (S. 26) Der Leitspruch des Weltstaats wird vom D. H. C. mit „Community, Identity, Stability“ (S. 27) rezitiert.

Ein ambitionierter Mitarbeiter des Instituts, Henry Foster, erklärt den Studenten den Daseinszweck der Epsilonkreaturen und erläutert die Manipulation der Embryos, die einen späteren Arbeitseinsatz dieser Geschöpfe unter extremen Bedingungen ermöglicht. Die Studenten sind beeindruckt und der D. H. C. ist sehr zufrieden.

2. Kapitel: Konditionierung und Hypnopädie

Behaviorismus und Hypnopädie

Der D. H. C. führt die Studenten in die *Infant Nurseries. Neo-Pavlovian Conditioning Rooms*, wo sie Zeugen eines Konditionierungsprozesses werden: Acht Monate alten Kindern der Delta-Kaste wird mittels infernalischem Lärm und Elektroschocks Angst vor Blumen und Büchern implementiert.

Anschließend lernen die Studenten das Verfahren der Hypnopädie kennen, mit dem schlafenden Beta-Kindern Achtung gegen-

---

15 „Das Bokanovskyverfahren ... besteht im wesentlichen aus einer Reihe von Unterbrechungen des Entwicklungsverlaufs. Wir hemmen das normale Wachstum, und, so paradox es klingt, das Ei reagiert darauf mit Knospung.“ Zitiert nach Übersetzung von Herberth E. Herlitschka, S. 23.

über Alphas und Verachtung gegenüber Gammas, Deltas und Epsilons suggeriert wird. „Alpha children wear grey. They work much harder than we do, because they're so frightfully clever. I'm really awfully glad I'm a Beta, because I don't work so hard. And then we are much better than the Gammas and Deltas." (S. 50)

Die Studenten zeigen Scham bei Begriffen wie „Eltern" oder „natürliche Geburt". Polnisch, Deutsch und Französisch gehören ebenso wie andere zu den „toten Sprachen" (vgl. S. 45).

3. Kapitel: Das Fordistische Welt-System

Diskreditierung prä-fordistischer Systeme

Im Garten des Instituts beobachten der D. H. C. und die Studenten sechs- oder siebenhundert Kinder im Alter von sieben oder acht bei sexuellen Spielen. Ein kleiner Junge will sich einem Mädchen mit Namen Polly Trotsky[16] entziehen, weshalb er von einer Schwester der psychologischen Begutachtung zugeführt wird. Der D. H. C. erklärt: „For a very long period before the time of Our Ford ... erotic play between children had been regarded as abnormal (there was a roar of laugher);" (S. 55). Für die Studenten ist das unglaublich. Die Besuchergruppe stößt auf „Controller ... his fordship, Mustapha Mond" (S. 57), den mächtigsten Mann Westeuropas.

In der daran anschließenden Passage werden drei parallel stattfindende Handlungen szenisch dargestellt, analog dem Szenenwechsel im Film: Während Mustapha Mond vor den Studenten und dem D. H. C. über die Entstehungsgeschichte und die Vorteile des Weltstaates doziert, endet in der Menschenfabrik die Tagesschicht. Die Angestellten eilen zu den Umkleideräumen, unter ihnen Henry Foster, Lenina Crowne und Bernard Marx.

---

16 Der Name „Polly Trotsky" ist zusammengesetzt aus dem Namen des russischen Revolutionärs Leo Trotzky und dem Titel des Romans *The History of Mr Polly* von H.G. Wells .

Verbotene Bücher und 9-Jahres-Krieg

Mustapha Mond erklärt den Studenten, dass gemäß Ford des Herrn Geschichte Quatsch sei[17] und daher nicht länger auf den Lehrplan gehöre. Der D. H. C. reagiert nervös, da er gerüchteweise von verbotenen Büchern wie der Bibel oder Lyrik im Bürotresor von Mond gehört habe. Mond diskreditiert das Familienleben der präfordistischen Zeit als etwas Obszönes und Schmutziges und erklärt die Beständigkeit als eine wichtige Komponente des Staates: „No civilization without social stability. No social stability without individual stability." (S. 66) Mond verweist auf einen mit biologischen und chemischen Waffen geführten 9-Jahres-Krieg, auf die Vernichtung von Bildung und Kultur, auf die Ermordung Andersdenkender und schließlich auf den Beginn einer neuen Zeitrechnung, die das Ende der christlichen Kultur markierte. Er preist die Entwicklung und den Genuss der perfekten Droge Soma an: „The perfect Drug ... Euphoric, narcotic, pleasently hallucinant." (S. 78)

Fanny Crowne erzählt ihrer Kollegin und Freundin Lenina Crowne, dass sie ein Schwangerschafts-Ersatz-Medikament vom Arzt verordnet bekommen hat. Lenina wird im Gespräch von Fanny dafür getadelt, dass sie eine emotionale Bindung zu ihrem Sexualpartner Henry Foster aufzubauen scheint, wo das Regime doch Promiskuität (Bedeutung: Geschlechtsverkehr mit beliebigen, häufig wechselnden Sexualpartnern) vorgeschrieben hat. Lenina denkt an eine Affäre mit dem „Alpha-Plus" Bernard Marx (S. 69), der sie in ein in Neu-Mexiko gelegene „Savage Reservation" (dt. Wilden-Reservat) eingeladen hat. Fanny reagiert befremdet, da sie Marx merkwürdig findet. Fanny bewundert Leninas „Malthusian belt"

---

17 „History is bunk" ist ein tatsächliches Zitat des realen Henry Ford. (New York Times vom 29. Oktober 1921). Ford hat dieses Zitat später mehrfach erklärt: „As a young man, I was very interested in how people lived in earlier times; how they got from place to place, lighted their homes, cooked their meals and so on. So I went to the history books. Well, I could find out all about kings and presidents; but I could learn nothing of their everyday lives. So I decided that history is bunk." (1935; zitiert nach http://www.uea.ac.uk/ m242/historypgce/purposes/ford.htm).

(Gürtel mit Verhütungsmitteln; S. 76), den diese von Henry Foster geschenkt bekommen hat.

Männer und Frauen als bloße Sexualpartner

Im Umkleideraum der Männer unterhalten sich Henry Foster und ein Kollege über den neuesten Film im „Fühlkino". Anschließend erläutern die beiden die sexuellen Vorzüge Leninas. Bernard Marx hört das Gespräch und wird wütend, da er es als primitiv empfindet: „Talking about her as though she were a bit of meat." (S. 70) Henry Foster bietet dem mürrischen Marx Soma an, woraufhin er von Marx beschimpft wird.

Gegen Ende des Kapitels wechseln die verschiedenen Handlungsebenen schneller ab: Häufig liegt nur ein Satz zwischen den Gesprächsebenen (vgl. Szenisches Erzählen Kapitel 3.2).

4. Kapitel: Lenina und Bernard im Aufzug

Im Aufzug begegnen sich Lenina und Bernard Marx. Sie spricht ihn auf die geplante Reise nach Neu-Mexiko an und macht ihm Avancen, worauf er in der großen Runde des Aufzugs verlegen reagiert: „Hadn't we better talk about it somewhere else?" (S. 82) Lenina kann seine Reaktion nicht nachvollziehen: „How funny you are!" Nachdem sie sich auf dem Dach voneinander verabschiedet haben, bekommt Marx von Benito Hoover Soma angeboten. Marx lässt Hoover ohne Antwort stehen. Lenina steigt zu Henry in den Hubschrauber; sie fliegen über das Ford'sche London hinweg zum „Obstacle Golf".

Emotional Engineering anstelle von Kunst

Bernard Marx überdenkt auf dem Dach seine Körpergröße und seine Unsicherheit im Verhältnis zu den niederen Kasten: „I am I, and I wish I wasn't." (S. 90)

Im *College of Emotional Engineering* holt Bernard Marx seinen wohlproportionierten Alpha-Plus-Freund Helmholtz Holmes-Watson ab, der dort als Dozent arbeitet. Watson hat einen Gemütszustand an sich entdeckt, den er noch nicht richtig benennen kann und der ihn unzufrieden macht. Mit Marx redet er darüber in dessen Wohnung. Dieser beklagt sich über die argwöhnische Behandlung durch die Menschen, was Holmes-Watson etwas beschämt.

5. Kapitel: Obstacle Golf und Solidarity Service

Masse und Heuchelei

Lenina und Henry haben Golf gespielt. Auf dem Rückflug tauschen sie sich über die Vorteile der Normung aus und darüber, dass jeder Mensch im Weltstaat glücklich ist. Zusammen konsumieren sie Soma, besuchen eine Massentanzveranstaltung und verbringen die Nacht miteinander.

Wie jeden Donnerstag muss Bernard Marx eine Eintrachtsandacht (engl. Solidarity Service) besuchen, die in eine sexuelle Orgie ausartet. Die von den Soma konsumierenden Teilnehmern erwartete Reaktion der Begeisterung und Ekstase heuchelt er.

6. Kapitel: Vorbereitungen und Flug in die Reservation

Unter dem Einfluss ihrer Freundin Fanny, findet auch Lenina Bernard Marx inzwischen merkwürdig und überlegt, die für sie besonders reizvolle Reise nach Neu-Mexiko abzusagen, um mit Benito Hoover den Nordpol zu besuchen. Da sie dort schon gewesen ist und sich gelangweilt hat, möchte sie der Reise mit Bernard den Vorzug geben. Allerdings empfindet sie Bernards Verhalten, nichts öffentlich tun zu wollen, als krankhaft. Lenina sucht wie alle anderen das Bad in der Menge, während der merkwürdige Bernard die Einsamkeit auf einer Wanderung oder im Hubschrauber über der tosenden Nordsee vorzieht und partout kein Soma konsumieren will.

Bernard Marx sucht den D. H. C. auf, um den Urlaubsschein unterschreiben zu lassen. Dieser erzählt Bernard, dass er vor rund 25 Jahren zusammen mit seiner damaligen Freundin in Neu-Mexiko gewesen und die Frau seitdem verschollen sei. Auf Marx' mitfühlende Bemerkung „You must have had a terrible shock“ (S. 126), reagiert der D. H. C. wütend und droht Marx mit Strafversetzung, falls er weiter gegen die den Alphas vorgeschriebenen Verhaltensnormen verstoßen sollte.

Lenina und Marx reisen in die Reservation

Eine Woche später fliegt Marx mit Lenina Crowne nach Neu-Mexiko. Bei einem Telefongespräch mit Helmholtz Holmes-Watson – Marx fällt ein, dass er seinen Dufthahn nicht geschlossen hat – erfährt Marx, dass der D. H. C. Marx' Versetzung nach Island initiiert hat. Marx konsumiert Soma und wird mit Lenina in die Reservation geflogen.

7. Kapitel: Lenina und Marx treffen John und Linda

Lenina und Bernard stoßen auf John und Linda

Lenina und Bernard werden von einem Einheimischen zu ihrer Unterkunft in Malpais geführt. Lenina ist abgestoßen von den unhygienischen Verhältnissen und den alten Menschen: in ihrer Welt sieht niemand alt aus und wird nicht älter als 60 Jahre (vgl. S. 141). Angesichts eines brutalen Rituals – und sie hat ihr Soma in der Hütte vergessen – verliert Lenina die Fassung. Ein indianisch gekleideter, aber europäisch anmutender junger Mann erscheint. Er erläutert ihnen den Sinn des Ritus, verliebt sich auf der Stelle in Lenina und klärt sie über seine Herkunft auf: Seine mit ihm schwangere Mutter Linda war vor Jahren mit seinem Vater in die Reservation gekommen und bei einem Spaziergang, den sie allein unternommen hatte, verletzt worden. Die Indianer hatten sie gefunden und gepflegt, der Mann namens Tomakin war ohne sie in den Weltstaat zurückgeflogen.

Zusammen suchen die drei seine Mutter auf. Sie stoßen auf eine sehr dicke und verkommene Frau, die sich als Linda vorstellt und ihren Sohn als John. Es stellt sich heraus, dass Linda die ehemalige Geliebte des D. H. C. ist; dieser heißt mit Vornamen Thomas. Sie fällt einer entsetzen Lenina um den Hals „... and began to kiss her. Ford!

To *kiss*, slobberingly ...“ (S. 151). Linda schwelgt in Erinnerungen an das zivilisierte Leben, entschuldigt sich dafür, Mutter zu sein und beklagt sich über die Sitten der Indianer. Sie berichtet von der schlechten Behandlung Johns durch die Indianer und von ihren Versuchen, John im Sinne des Weltstaats zu erziehen.

8. Kapitel: John erzählt von seiner Kindheit

John und Linda sind Außenseiter

In einer Retrospektive erzählt John Bernard von seiner Kindheit im Reservat: Linda schläft mit vielen Männern, weshalb sie von den Frauen verprügelt wird. Auf viele seiner Antworten weiß Linda keine Antwort. John wird zum Außenseiter, weil Linda nicht die gleichen Dinge kann und tut wie die anderen Frauen im Dorf. Mit dem Indianer Popé geht Linda eine sexuelle Beziehung ein und betäubt ihren Kummer über ihre Lebensverhältnisse mit Schnaps. John, der von den anderen Jungen im Reservat schlecht behandelt wird, lernt mit einem Handbuch für Normung die Technik des Lesens, das Buch stößt ihn jedoch ab.

Von Popé bekommt John als Zwölfjähriger die gesammelten Werke William Shakespeares geschenkt. Für John, der von der Sprache Shakespeares stark ergriffen ist, eröffnet sich eine andere Welt. Unter dem Einfluss der Lektüre *Hamlets* versucht er Popé, den er hasst, zu töten. Popé interpretiert die Messerstiche in seine Schulter als Tapferkeit und bestraft ihn nicht.

Mit fünfzehn Jahren wird er von dem alten Indianer Mitsima in indianische Bräuche (Töpfern, Bogen bauen etc.) eingewiesen. Sechzehn Jahre ist John alt, als er zum ersten Mal in ein Indianermädchen verliebt und durch deren Heirat mit einem anderen tief verletzt wird. Während die anderen Jungen aus dem Pueblo in einer Initiationsfeier in die Schar der Männer aufgenommen werden, wird John wieder einmal ausgeschlossen und verstoßen. Er denkt an Selbstmord: „‘Alone, always alone,’ the young man was saying“

(S. 170), und rührt mit dieser Aussage an die gleichen Gefühle in Bernard Marx. Nachdem Bernard Johns Geschichte gehört hat, lädt er ihn und Linda nach London ein. John ist verliebt in Lenina und erleichtert, dass Bernard und Lenina nicht verheiratet sind: „O brave new world that has such people in it." (S. 174)

9. Kapitel: John und Linda sollen mit nach London

John begehrt Lenina

Lenina Crowne nimmt Soma und sinkt in einen tiefen Schlaf, während am nächsten Morgen Marx in Santa Fé die Rückkehr von John und Linda nach London organisiert. Auf der Suche nach Marx stößt John auf die schlafende Lenina und ist hingerissen von ihr, wagt es aber nicht, sie zu berühren. Aus seiner Bewunderung für Lenina (er murmelt Shakespeare-Zitate) wird John durch die Ankunft Bernards gerissen.

10. Kapitel: Linda und John treffen auf den D. H. C.

Die Vaterschaft des D. H. C. wird bekannt

Der D. H. C. hat Bernard mit der Absicht in sein Institut geladen, ihn vor den Kollegen zu demütigen. Vor den versammelten Mitarbeitern bezichtigt er Marx der „ketzerischen Ansichten über Sport und Soma"[18]. „Durch sein unorthodoxes Geschlechtsleben, durch seine Weigerung, den Geboten Ford des Herrn zu folgen ... durch sein Benehmen in der Freizeit hat er sich als Feind der Gesellschaft erwiesen, der Ordnung und Beständigkeit untergräbt ... als Verschwörer gegen die Zivilisation selbst"[19], führt der D. H. C. aus und kündigt Marx' Strafversetzung nach Island an. Auf seine an Marx gerichtete Frage, ob er einen Grund habe, von der Versetzung abzusehen, bittet Bernard Linda und John in das Labor. Linda erkennt in dem D. H. C. ihren ehemaligen Liebhaber und wirft sich in sei-

---

18 Zitiert nach Übersetzung von Herlitschka, S. 152.
19 Ebd.

ne Arme. John wirft sich vor ihm auf die Knie und nennt ihn „my father“ (S. 187). Die Angestellten brechen in brüllendes Gelächter aus, der D. H. C. verlässt fluchtartig das Labor.

11. Kapitel: John und das zivilisierte Leben

Marx führt John in der Londoner Gesellschaft vor

Kompromittiert tritt der D. H. C. zurück. John wird zur Sensation Londons, während Linda auf Ablehnung stößt und sich dauerhaft mit Soma betäubt – was John nicht gutheißt. Bernard Marx vermittelt Kontakte zwischen „dem Wilden“ und der Londoner Gesellschaft, von der er sich hofieren lässt. Dass er sich lächerlich macht, entgeht ihm in seiner Eitelkeit. Er entzweit sich sogar mit seinem einstigen Vertrauten Helmholtz. In einem an Mustapha Mond gerichteten Verhaltensbericht über John versteigt sich Marx zu einer Gesellschaftskritik, über die sich Mond zunächst noch amüsiert.

Marx zeigt John die Errungenschaften der neuen Welt, so eine Fabrik für Helikopterzubehör. Angesichts der Eintönigkeit in der Fabrik und den unzähligen Bokanovsky-Gruppen kommen John wiederum (vgl. Kapitel 8) die Worte aus Shakespeares *The Tempest* (dt. *Der Sturm*) in den Sinn: „O brave new world ... O brave new world that has such people in it.“ (S. 196) John stürzt nach draußen und muss sich übergeben. Ein Besuch in Eton irritiert John aus vielerlei Weise: die Schüler lachen u. a. über Bilder aus dem Wildenreservat und Shakespeare gehört nicht zum Bildungskanon.

John und Lenina gehen ins Kino

Lenina gesteht Fanny in einem Gespräch ihr Unbehagen wegen ihrer plötzlichen Berühmtheit und ihre Ratlosigkeit über Johns Verhalten (vgl. S. 203). Am Abend schauen sich Lenina und John gemeinsam einen Kinofilm an. Lenina möchte anschließend die Nacht mit ihm verbringen. John, von dem „Feelie“ und seinem eigenen Begehren abgestoßen, schickt Lenina weg, verbringt die Nacht allein und liest Shakespeares *Othello*. Lenina ist bitter enttäuscht und nimmt Soma.

12. Kapitel: John lehnt sich auf

John verweigert sich der Gesellschaft

John lehnt es ab, sich weiter vorführen zu lassen, schließt sich in seinem Zimmer ein und liest *Romeo and Juliet*. Mit diesem Verhalten ruiniert er Marx gesellschaftlich und Lenina fühlt sich von John wiederum zurückgesetzt.

Mit dem unglücklichen Marx fühlt sich John am nächsten Tag wieder verbunden; Marx sieht in ihm aber einen Feind und sinnt auf Rache. Als Marx dem nicht nachtragenden Helmholtz Holmes-Watson sein Leid klagt, erfährt er, dass Watson in Ungnade gefallen ist, weil er die Poesie für sich entdeckt hat und subversive, von Einsamkeit handelnde Verse schreibt.

Marx arrangiert ein Treffen zwischen John und Helmholtz Holmes-Watson: die beide schließen Freundschaft und sind sofort vertraut; Marx ist eifersüchtig. Als John Holmes-Watson aus Shakespeares *Romeo and Juliet* vorliest, muss dieser lachen und nennt Shakespeare einen „marvellous propaganda technician" (S. 225; dt. Propagandatechniker[20]). John ist empört.

13. Kapitel: John gesteht Lenina seine Liebe

John bedroht Lenina

Lenina erscheint ihrer Umwelt krank, auf der Arbeit unterläuft ihr ein Fehler. Lenina will nur noch John, was Fanny als geschmacklos empfindet und sie zum Handeln antreibt. Lenina besucht John in seiner Wohnung und bringt ihn dazu, ihr seine Liebe zu gestehen. Er zitiert Shakespeare und macht ihr einen Heiratsantrag. Sie versteht den Sinn seiner Worte nicht („... John, talke sense. I can't understand a word you say." S. 232), ist gereizt und zieht sich aus, um mit ihm zu schlafen. Entsetzt über die unverhüllte Sinnlichkeit beginnt John sie als Dirne (engl. whore) zu beschimpfen und zu schlagen, woraufhin sie ins Bad flieht. Er tobt in der Wohnung und zitiert

---

20 Deutsch nach Herlitschka.

Shakespeare. Lenina bittet um ihre Kleidung, öffnet aber aus Angst nicht die Tür. Als John nach einem Anruf das Haus verlässt, wagt sich Lenina nach draußen.

14. Kapitel: Linda liegt im Sterben

Kein Respekt vor dem Tod

Linda hat zu viel Soma konsumiert und liegt im Sterben. John eilt zu ihr. Als er sich voller Trauer an die gemeinsam verbrachte Zeit erinnert, stürzt eine Horde Deltakinder ins Zimmer: Ihr Verhalten im Zuge ihres Normunterrichts kommt John rüde und pietätlos vor. John packt eines dieser Kinder und schlägt es, womit er sich den Zorn der leitenden Schwester zuzieht. „Disgraceful? But what do you mean? They're being death-conditioned“, antwortet ihm die Schwester verständnislos (S. 245). Schließlich stirbt Linda mit grässlich verzerrtem Gesicht. Aufgewühlt verlässt John das Krankenhaus.

15. Kapitel: John will (Soma-)Revolte initiieren

John versucht im Krankenhaus unter Deltas eine Revolte zu initiieren

John wird Zeuge, als in der Eingangshalle des Krankenhauses Soma an die Delta-Arbeitskräfte verteilt wird. „'How many goodly creatures are there here!' The singing words mocked him derisively. 'How beauteous mankind is! O brave new world ...'“ (S. 252) John versucht mit aufrührerischen Reden, die Verteilung des Soma an die Deltas zu verhindern und löst damit einen Krawall aus, der von der alarmierten Polizei aufgelöst wird. Zusammen mit den ebenfalls herbeigeeilten Bernard Marx und Helmholtz Holmes-Watson wird John verhaftet.

16. Kapitel: John, Bernard und Helmholtz bei Mond

Mustapha Mond erläutert John die Prinzipien des Weltstaates

John, Bernard Marx und Helmholtz Holmes-Watson werden zu Mustapha Mond gebracht. Dieser erweist sich als überaus gebildet und zitiert u. a. aus Shakespeares *The Tempest*, was die Aufmerksamkeit Johns erregt.

Zwischen ihnen entspinnt sich eine Auseinandersetzung über die Philosophie der neuen Welt, in deren Verlauf John klar wird, dass dieser Staat auf ein geistiges Fundament verzichtet zugunsten eines Wirtschaftssystems, das auf Maximierung und Bedürfniserfüllung abzielt – ohne religiös-kulturellen Hintergrund. Mond hingegen erkennt in Holmes-Watson und Marx subversive Elemente, die der Gesellschaft entzogen werden müssen, und eröffnet ihnen die Versetzung auf eine Insel. Während Holmes-Watson Würde zeigt, bricht Marx zusammen und bettelt um Verschonung.

Marx wird in Soma-Nebel gehüllt, in ein Nebenzimmer gebracht und Mond führt die Unterhaltung mit John und Holmes-Watson fort: Holmes-Watson entscheidet sich schließlich für die Falklandinseln als Verbannungsort und verlässt das Zimmer, um sich um Marx zu kümmern.

17. Kapitel: Die Welt ohne Religion und Werte

Gefühle vs. gesellschaftliche Stabilität

John und Mustapha Mond debattieren über Religion und Werte, wobei Mond bemerkenswerte Kenntnisse der Heiligen Schrift und der Moraltheologie zeigt. John formuliert den Vorwurf, dass die neue Welt ohne Religion und Werte sei. Mond bejaht und begründet das mit gesellschaftlicher Stabilität. John fordert das Recht auf Gefühle und Werte vehement für sich ein: „But I don't want comfort. I want God, I want poetry, I want real danger, I want freedom, I want goodness. I want sin." Mond antwortet ihm: „In fact ... you're claiming the right to be unhappy" (S. 285) und lässt ihn gewähren.

18. Kapitel: John zieht in den Leuchtturm

Marx, Helmholtz und John verabschieden sich

Bernard Marx und Helmholtz Holmes-Watson verabschieden sich von John, der sich nach Art der Indianer mit Erbrechen „von der Zivilisation" (vgl. S. 287) gereinigt hat. Während sie die Reise auf die

Falklands antreten müssen, soll John auf Befehl Mustapha Monds in der neuen Welt verbleiben.

John bezieht einen alten Leuchtturm in Surrey, wo er ein einfaches und reuiges Leben fernab der Zivilisation und ihren Errungenschaften führen will. Er genießt die Natur und die Einsamkeit und ist glücklich. Sein Glück verschafft ihm ein schlechtes Gewissen und so geißelt er sich, was von drei Delta-Landarbeitern beobachtet wird. Schnell tauchen Reporter bei ihm auf, die er jedoch verjagen kann.

Johns Leben im Leuchtturm

An einem heißen Tag hat er eine erotische Vision von Lenina Crowne, woraufhin er sich erneut mit der Geißel traktiert. Ein Dokumentarfilmer filmt ihn dabei, zwölf Tage später wird der Streifen unter dem Titel *The Savage of Surrey* in den wichtigsten Kinos Westeuropas gezeigt (S. 301). Am Tag nach der Uraufführung wird John von einer Horde Neugieriger heimgesucht, die ihn begaffen und ihn auffordern, sich erneut zu geißeln. John verliert die Nerven und schlägt auf Lenina ein, die ebenfalls mit ihrem Begleiter Henry angeflogen kam und auf ihn zutritt. Die Situation entartet zu einer Orgie, befeuert von der Zuschauermasse ringsum.

John erhängt sich

Am nächsten Tag – es ist bereits heiß als er aus der Soma-Betäubung erwacht – ist John über sein gestriges Handeln aufs Äußerste entsetzt. „'Oh, my God, my God!' He covered his eyes with his hands." (S. 308) Am Abend fliegt eine große Anzahl Helikopter zu Johns Leuchtturm. Die Besucher finden John im Treppenhaus des Leuchtturms erhängt auf. „Slowly, very slowly, like two unhurried compass needles, the feet turned towards the right; north, north-east, east, south-east, south, south-south-west; then paused, and, after a few seconds, turned as unhurriedly back towards the left. South-south-west, south, south-east, east ..." (S. 308)

3.3 Aufbau

ZUSAMMENFASSUNG

Kapitel 1–6:	Beschreibung des Weltstaats und seiner Bürger,
Kapitel 7/8:	Einführung von John und Linda,
Kapitel 9–11:	John im Weltstaat (Spannungsaufbau),
Kapitel 12–15:	John verweigert sich,
Kapitel 16/17:	John the Savage – Mustapha Mond,
Kapitel 18:	Johns Tod (plötzliche Spannungslösung).

Kapitel 1–6: Einführung in den Weltstaat

Der Roman umfasst 18 Kapitel, anhand derer die Romanstruktur im Folgenden analysiert wird. **Die Kapitel 1–6** haben einen beschreibend-einführenden Charakter. In ihnen wird der **Weltstaat mit seiner Entstehungsgeschichte** portraitiert, die dort herrschenden gesellschaftlichen Verhältnisse beschrieben und die für den Handlungsablauf wichtigen Personen eingeführt. Außerdem werden Themen und Problematiken angesprochen, die in den späteren Kapiteln eine differenzierte Behandlung erfahren. Anthony Astrachan hat in seiner literaturwissenschaftlichen Untersuchung *Aldous Huxley's Brave New World* folgende Themen und Problematiken benannt:

→ Community, Identity, Stability versus individual freedom
→ science as a means of control
→ the threat of genetic engineering
→ the misuse of psychological conditioning
→ the pursuit of happiness carried to an extreme
→ the cheapening of sexual pleasure
→ the pursuit of happiness through drugs
→ the threat of mindless consumption and mindless diversions

AUFBAU DES ROMANS *BRAVE NEW WORLD*

Kapitel 1–6	Kapitel 7–8	Kapitel 9–17	Kapitel 18
↓	↓	↓	↓
Portrait des Weltstaates; Einführung der Handlungsträger	Einführung von John u. Linda	Aufbrechen der Konflikte	Auflösung

→ the destruction of the family
→ the denial of death
→ the oppression of individual differences.[21]

Kapitel 7–8: Einführung von John und Linda

Im **7./8. Kapitel** werden John und Linda eingeführt. Mit John wird auch eine neue Perspektive eingebracht, die einen anderen Blick auf den Weltstaat und seine Bürger ermöglicht. In den **Kapiteln 9–11** wird John von Marx in die Londoner Gesellschaft eingeführt.

Kapitel 9–17: Spannung durch Konflikt und Konfrontation

John als eine moralische Instanz bewertet und lässt Konflikte aufbrechen: dieses Geschehen vollzieht sich in den **Kapiteln 12–18**. Es kommt zu Konfrontationen von Personen und damit verbundenen Auseinandersetzungen:
12. Kapitel: Johns Weigerung, sich von Bernard Marx weiter vorführen zu lassen.
13. Kapitel: Johns Reaktion auf Leninas Verführungsversuch.
14. Kapitel: Lindas Tod.
15. Kapitel: Johns Auflehnung gegen das System.
16./17. Kapitel: Konfrontation Mustapha Mond – John the Savage.
18. Kapitel: Johns Tod.

21 Astrachan, *Aldous Huxley's Brave New World*, S. 19.

SPANNUNGSAUFBAU IN *BRAVE NEW WORLD*

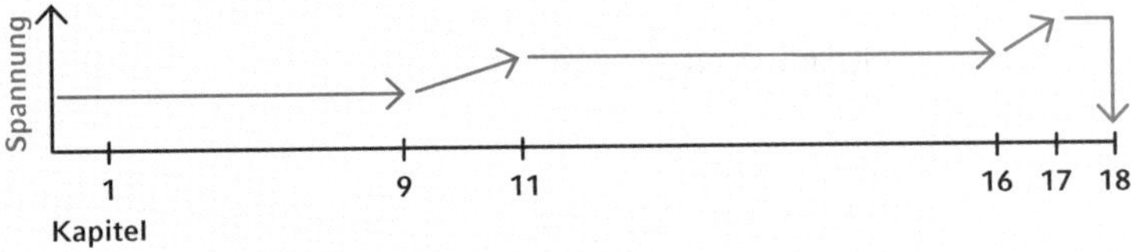

Alle diese Situationen und Handlungen bauen eine **Spannung** auf, die es in den Kapiteln 1–6 bisher nicht gab. Der sich in Kapitel 16 anbahnende Konflikt zwischen Mustapha Mond und John the Savage kulminiert im 17. Kapitel. Seine Darstellung ist beinahe kammerspielartig. Es entwickelt sich ein Dialog zwischen Mond und John, der die Spannung noch verstärkt und auf eine Auflösung des Konfliktes hinführt. Diese Auflösung erfolgt im **18. Kapitel**, als John sich tötet. Die Spannung bricht jäh ab, der Roman endet unvermittelt.

3.4 Personenkonstellation und Charakteristiken

ZUSAMMEN-FASSUNG

Die **Hauptcharaktere sind**

Mustapha Mond:
→ einer der zehn *Controller*
→ sehr intelligent und gebildet
→ zynisch-realistisch

John the Savage:
→ Sohn von Linda und D. H. C.
→ im Reservat aufgewachsen
→ idealistisch-naiv
→ scheitert an dem Weltstaat und der eigenen Moral

Bernard Marx:
→ individualistischer Alpha (Außenseiter)
→ ohne Selbstwertgefühl

Helmholtz Holmes-Watson:
→ intelligenter Alpha in beruflicher Krise
→ künstlerisch ambitioniert, doch ohne Können

Lenina Crowne:
→ attraktive Beta
→ systemkonform

Nebenfiguren

D. H. C.:
→ Direktor des *Central London Hatchery and Conditioning Centre*
→ Johns Vater
→ bigott und theatralisch

Henry Foster:
→ systemkonformer Alpha
→ simpel

Linda:
→ Johns Mutter
→ wurde vom D. H. C. im Reservat zurückgelassen
→ physisch und psychisch heruntergekommen

Fanny Crowne:
→ Freundin von Lenina
→ unkritisch und systemkonform

Benito Hoover, der Arch-Community-Songster of Canterbury, Popé und Mitsima.

Hauptfiguren

Mustapha Mond

Intelligent und charismatisch

Mustapha Mond[22], „Resident Controller for Western Europe“ (S. 57), gehört zu den zehn Personen, die die Weltregierung bilden, und zählt zur Alpha-Kaste. Sein Aussehen („... with a hooked nose, full red lips, eyes very piercing and dark“ S. 56) und sein gelassenes, souveränes Auftreten geben ihm Charisma, das seine Wirkung nicht verfehlt.

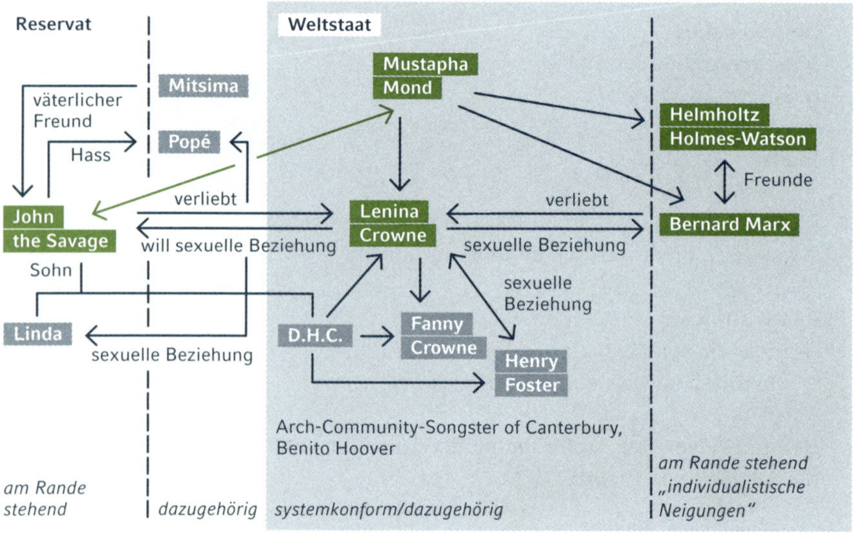

---

22 Der Name „Mustapha Mond“ ist ein Wortspiel der Namen „Mustapha Kemal Atatürk“ (Staatsgründer der Republik Türkei und ihr erster Präsident) und „Alfred Moritz Mond“, einer der Begründer des ICI.

„History is bunk" (S. 57) zitiert er Ford und wiederholt damit eine der zentralen Positionen des Systems. Die Geschichte, das „Alte" vor Ford wird negiert und damit verschwindet das kollektives Gedächtnis mitsamt seinen kulturellen Leistungen. Gleichwohl kennt sich der sehr intelligente und hoch gebildete Mond in Welt- und Kulturgeschichte bestens aus.

Freie Entscheidung

Mustapha Mond ist die einzige Figur im Roman, die ihr Leben frei gewählt hat. Ursprünglich ein sehr guter Physiker, wurde er dem System durch seinen Individualismus und seine Kreativität zu gefährlich und deshalb vor die Wahl gestellt, seine Individualität auf einer Insel auszuleben oder sich anzupassen und innerhalb des Systems Karriere zu machen. Er entschied sich für den systeminternen Aufstieg, was er hin und wieder bedauert („That's how I paid. By choosing to serve happiness. Other people's – not mine." S. 273), aber angeblich nie bereut.

Um das Glück der Menschen und damit die Stabilität des Systems zu sichern, negiert er alles, was die alte Welt ausgemacht hat: Religion, Philosophie, freier Wille. Mond weiß um die Bedeutung der Religion für den Menschen. Nicht umsonst verfügt er über eine umfangreiche Bibliothek religiös-philosophischer Werke. Als jemand, der sich mit all diesen Werken auseinandergesetzt hat, weiß Mond genau, dass die mit der Religion verbundene Spiritualität in ein Wissen um Individualität führen kann. Dies wäre eine Bedrohung für die Stabilität des Weltstaates und so enthält er den Bürgern des Weltstaates Religion und Kultur systematisch vor. Er vertritt den bemerkenswerten Ansatz, dass der Glaube eines Menschen an Gott das Ergebnis einer Konditionierung ist („People believe in God because they've been conditioned to believe in God." S. 280).

Advocatus diaboli

Mit kühler Logik schließt Mond daraus, dass die Menschen Gott nicht brauchen, wenn statt seiner etwas anderes an die Stelle tritt: „'The religious sentiment will compensate us for all our losses.' But there aren't any losses for us to compensate; religious sentiment is superfluous." (S. 278) Mond setzt Zivilisation, Jugend und Gemeinschaft gegen Religion, Alter und Einsamkeit; in seiner zivilisierten Welt hat Religion keinen Platz: „'Call it the fault of civilization. God isn't compatible with machinery and scientific medicine and universal happiness. You must make your choice.'" (S. 279).

Experiment „John"

Mond überlässt John, der offen gegen das System opponiert und dadurch seine gelassene Neugierde erregt, die Wahl zwischen der neuen Welt oder Gott und Poesie, Freiheit und wahren Gefühlen. Souverän mit einem „You're welcome" (S. 286) macht er John zu einem Probanden eines/seines Experiments. „He [Mond] said he wanted to go on with the experiment." (S. 288) John darf nicht mit Marx und Helmholtz auf die Inseln, sondern verbleibt in der Zivilisation.

John the Savage

Sohn von Linda und D. H. H.

John[23] ist der Sohn von Linda und dem D. H. C. Geboren wurde er vor ungefähr 25 Jahren in der Reservation, als die schwangere Linda nach einem erlittenen Unfall von ihrem Begleiter, dem D. H. C., dort zurückgelassen wurde.

John tritt erstmals im 7. Kapitel in Erscheinung und löst Bernard Marx als bisherige Hauptfigur ab: „The dress of the young man who now stepped out on to the terrace was Indian; but his plaited hair was straw-coloured, his eyes a pale blue, and his skin a white skin, bronzed." (S. 147/148) Er erscheint Bernard und Linda wie ein Indianer – und steht doch sofort außerhalb des sozialen Gefüges. John ist im Reservat ein Außenseiter und später in der „Brave New World" ebenso.

23 Vermutlich Anspielung auf John the Baptist/Johannes den Täufer.

Die Verhältnisse, in denen John aufwuchs, waren prekär: Linda pflegte wechselnde Männerbekanntschaften und betäubte sich mit Alkohol. Auf Empfängnisverhütung genormt begegnet ihm seine Mutter mit Hassliebe. Das Leben seiner indianischen Altersgenossen bleibt ihm weitgehend verschlossen. Abgesehen davon muss er entmutigende und verletzende Erfahrungen machen: Kiakimé, in die er sich mit 15 Jahren verliebt, bleibt unerreichbar; von einem Initiationsritus wird er seiner Herkunft wegen ausgeschlossen („Not for you, white-hair!" S. 170) und fortgejagt.

„Alone, always alone"

„Alone, always alone" (S. 171), fasst John Bernard Marx gegenüber sein bisheriges Leben zusammen. Trost und Halt gibt ihm in seiner Jugend die Fähigkeit des Lesens, die ihn von den anderen Jugendlichen abhebt: „The more the boys pointed and sang, the harder he read." (S. 163) Außerdem findet er in dem Stammesälteren Mitisima einen väterlichen Freund, der ihn in die Mythen und Riten der Indianer einführt.

Shakespeare-Texte

Als ihm Popé, einer der Liebhaber seiner Mutter, kurz nach seinem zwölften Geburtstag eine Werksausgabe von Shakespeare schenkt, wird er von dessen Worten gefangen genommen. Angeregt durch Shakespeare konstruiert sich John eine eigene Welt mit Normen und Werten und ein Ideal von sich selbst. Als er schließlich Bernard Marx und Lenina Crowne begegnet, ist er ein Kenner Shakespeares, unschuldig und naiv. Allerdings zeigt sich John auch gewaltbreit: er versucht Popé zu töten, wird auch gegen Lenina Crowne und die Kinder beim Tod seiner Mutter handgreiflich.

In Lenina verliebt sich John sofort. Er weiß allerdings nicht, wie er sich ihr nähern soll, ihm fehlt ein „Ritual" der Annäherung: „Very slowly, with the hesitating gesture of one who reaches forward to stroke a shy and possibly rather dangerous bird, he put out his hand. ... Did he dare? ... No, he didn't." (S. 179)

Nachdem John Lenina und Bernard Marx in die sogenannte Zivilisation gefolgt ist, bekommt er einen regelrechten Kulturschock: „... the bathroom door opened and, very pale, the Savage emerged. ... 'Did you eat something that didn't agree with you?' asked Bernard. The Savage nodded. 'I ate civilization.'" (S. 286/287).

John scheitert an seinem moralischen Anspruch

John ist erschüttert über die „Brave New World": diese Welt hat für ihn so gar nichts gemein mit der von Linda gepriesenen Welt. Und sie unterscheidet sich erheblich von der in Shakespeares Werken dargestellten Welt, die für John zu einer Art Idealwelt geworden ist. Ihn entsetzt in der Zivilisation die Nicht-Existenz von Literatur, das Fehlen von Respekt und Intimität zwischen den Menschen und das grundsätzlich Oberflächliche dieser Gesellschaft. Von Marx wird er in diese Gesellschaft eingeführt; doch schnell begreift er, dass er vorgeführt wird wie ein exotisches Tier, woraufhin er sich dem ganzen „Zirkus" verweigert. Wie im Reservat ist er auch hier ein Außenseiter der Gesellschaft.

Vollends verwirrt und abgestoßen wird er zum einen durch das Verhalten Leninas, die sich ihm unverhohlen sexuell nähert. Lenina ist für John von großer Bedeutung, da sie eine Weiße ist. Die von ihm geliebte Kiakimé durfte er nicht heiraten, da er ein Weißer war. Als er Lenina begegnet, verliebt er sich nicht nur ihrer Attraktivität wegen in sie, sondern auch wegen ihrer weißen Haut. Endlich scheint er eine adäquate Partnerin gefunden zu haben, die ihn aus seiner Einsamkeit erlösen kann. Umso schockierter ist er, als er an Lenina ein Verhalten konstatieren muss, dass er schon bei seiner Mutter hat erleben müssen und für das beide, Linda und er, von der indianischen Gesellschaft bestraft worden sind. Nun übernimmt John die Rolle des Strafenden, da er gelernt hat, dass Leninas Verhalten gegen einen Sittenkodex verstößt.

Johns Revolte

Auch das pietätlose Verhalten der Kinder beim Tod seiner Mutter stößt John ab. Er versucht, eine Revolte zu initiieren, indem er eine

Soma-Ausgabe verhindert: die Menschen sollen begreifen, was mit ihnen geschieht und wie unfrei sie in dieser zivilisierten Welt sind. Diese Aktion führt ihn in das Zentrum der Macht, zu Mustapha Mond. Johns Verhältnis zu Mond ist ambivalent, er bringt ihm eine Art widerwilliger Bewunderung entgegen, doch er erkennt ihn auch als den Mann, der seine moralischen Überzeugungen ad absurdum führen will. John durchschaut, dass er von Mond zu einem Objekt eines verhaltenspsychologischen Experiments gemacht wird. Dies entfacht seinen Widerstand. Mit dem Bezug des Leuchtturms wendet John sich ab vom Weltstaat mit seinen Lebensbedingungen und versucht, seine Humanität zu leben. Wie ein biblischer Heiliger lebt er und versucht Gott nahe zu sein, so wie Johannes der Täufer (John (!) the Baptist), der in die Wüste gegangen ist. Dessen Tod wird durch eine Frau[24] verursacht, und auch John the Savage stirbt wegen einer Frau. Wie dem biblischen Johannes folgen auch John the Savage neugierige Gaffer in seine Eremitei. Im Zuge einer von ihnen initiierten Orgie verliert John dann die Kontrolle über sich und beteiligt sich daran. Für ihn sind mit Moral verbundene Gefühle sehr wichtig und aus Scham über sein Verhalten bringt er sich am Morgen nach der Orgie um.

Bernard Marx

Merkwürdiger Alpha

Bernard Marx[25] ist bis zur Hälfte von *Brave New World* die Hauptfigur, ehe er von John in dieser Funktion abgelöst wird. Marx ist ein Spezialist für Hypnopädie und ein „Alpha-Plus" (S. 69). Allerdings entspricht er weder physisch noch psychisch den Vorstellungen und Erwartungen an einen Alpha. „He stood eight centimetres short of

---

24 Durch eine Intrige der Herodias, der Gattin des Herodes, der daraufhin Johannes den Kopf abschlagen ließ.

25 Sein Namengebung geht vermutlich auf den Dramatiker „George Bernard Shaw" und auf „Karl Marx" (Philosoph und Theoretiker des Kommunismus) zurück.

the standard Alpha height and was slender in proportion." (S. 90) Diese „Kleinwüchsigkeit" lässt ihn als einen Vertreter der niederen Kasten erscheinen: „smallness was so horribly and typically low-caste" (S. 71). Es hält sich hartnäckig das Gerücht, dass ihm in einem frühen Entwicklungsstadium Alkohol zugeführt worden war: „They say somebody made a mistake when he was still in the bottle – thought he was a Gamma and put alcohol into his blood-surrogate." (S. 71)

Individuelle Tendenzen

Auch im Denken und Verhalten ist Marx anders als vom System erwartet. Er lebt zurückgezogen („And then he spends most of his time by himself – *alone*." S. 70), konsumiert kein Soma und meidet die üblichen Freizeitbeschäftigungen, was ihm das Misstrauen seiner Umwelt einbringt. Frauen betrachtet er ganz anders als seine Kollegen, so reagiert er beispielsweise verärgert angesichts der Männer-Unterhaltung im Waschraum über Leninas körperliche Vorzüge: „Talking about her as though she were a bit of meat." (S. 70)

Schüchternheit

Überhaupt scheint er Frauen gegenüber sehr schüchtern zu sein, so tritt er bei Lenina, die er gern erobern würde, eher ängstlich als charmant-zielstrebig auf: „She [Lenina] smiled to herself; how absurdly shy he had been! Frightened almost – as though she were a World Controller and he a Gamma-Minus machine minder." (S. 70)

Durch sein Aussehen befremdet Marx die Menschen und mit seinem individuellen Verhalten verwirrt er sie bestenfalls, jedenfalls nimmt ihn niemand ernst. Er hat ein Selbstwertproblem („I am I, and wish I wasn't;" S. 90). Er ist nicht souverän und beklagt sich bei seinem einzigen Freund Helmholtz Holmes-Watson wehleidig über die Behandlung, die ihm widerfährt: „'If you knew what I'd had to put up with recently,' he said almost tearfully – and the uprush of his self-pity was like a fountain suddenly released." (S. 97)

Realitätsverlust

Seine Lebensumstände ändern sich, als er in Neu-Mexiko auf John und Linda trifft und mit ihnen nach London zurückkehrt. An

Linda ist niemand interessiert, wohl aber an John. Und so wird der „Wilden-Entdecker“ Marx, der John gewissermaßen verwaltet, von den besseren Kreisen Londons hofiert in der Hoffnung, dass er ihnen ein Treffen mit „the Savage“ ermöglicht. Marx' größter Erfolg ist der Rücktritt des D. H. C., der angesichts seiner von Marx aufgedeckten Vaterschaft nicht länger Direktor des *Central London Hatchery and Conditioning Centre* bleiben kann. Marx steigt sein Erfolg zu Kopf: „Success went fizzily to Bernard's head ...“ (S. 192) Seine Freundschaft zu Holmes-Watson wird ihm zuwider und auch sein Verhältnis zu den Frauen wandelt sich: Plötzlich kann er jede Frau haben, er ist überall begehrt. Marx beginnt sich und seine Wichtigkeit zu überschätzen („... Bernard felt positively gigantic – gigantic and at the same time light with elation, lighter than air.“ S. 193). In seiner Dummheit und Maßlosigkeit traktiert er Mustapha Mond mit Systemkritik und vergisst, dass er von John abhängig ist.

Verblassender Glanz

Als John weitere Treffen mit der Londoner *upper class* verweigert, bricht die persönliche schöne neue Welt von Marx zusammen und er ist wieder der Niemand, der er immer war. Da er den Fehler gemacht hatte, Mustapha Mond belehren zu wollen, ist seine Lage allerdings auch gefährlich geworden. Schließlich wird er nach der von John initiierten Soma-Revolte, in die er mit Holmes-Watson hineingeraten war, von Mond verbannt.

Helmholtz Holmes-Watson

Künstlerisch ambitioniert, jedoch beschränkt in den Fähigkeiten

Helmholtz Holmes-Watson[26] arbeitet als Dozent am *College for Emotional Engineering*. Er ist ein Alpha-Plus und entspricht den Vorstellungen und Anforderungen an die Elite vollkommen: Er ist

---

26 Zusammenführung der Namen von „Hermann von Helmholtz“, (dt. Physiker und Physiologe), Arthur Conan Doyles Romanfigur „Sherlock Holmes“ und des amerikanischen Psychologen „John Broadus Watson“.

ein begeisterter Sportler und unermüdlicher Liebhaber („it was said that he had had six hundred and forty different girls in under four years" S. 93). Auch physisch kann man ihm den Alpha-Plus ansehen: „In a forcible emphatic way, he was handsome and looked … every centimetre an Alpha-Plus." (S. 92)

Freundschaft zwischen Marx und Helmholtz-Watson

Nicht in dieses Bild passt seine Freundschaft mit dem merkwürdigen Bernard Marx, gegen den er sich immer loyal verhält. Helmholtz Holmes-Watson befindet sich in einer beruflichen Krise und fühlt sich durch diese Gedanken mit Marx verbunden. Wohl wissend, dass er Propaganda verfasst, fühlt sich Helmholtz zu Höherem berufen und versucht sich dilettantisch als Lyriker (vgl. S. 220/221). Offensichtlich wird dieser Dilettantismus als John ihm aus Shakespeares *The Phoenix and Turtle* (vgl. S. 222) und *Romeo and Juliet* (vgl. S. 224) vorliest. Holmes-Watson bricht in Lachen aus und nennt Shakespeare einen „marvellous propaganda technician" (S. 225). Holmes-Watson ist unfähig, seine Konditionierung aufzubrechen und wahre poetische Meisterschaft zu erkennen und zu honorieren.

Revolutionäres Potential

Gleichwohl besitzt er ein revolutionäres Potential. Dies zeigt sich bei der durch John initiierten Soma-Revolte, in deren Verlauf John die Verteilung der Droge an die Deltas stoppen will und Holmes-Watson sich daran beteiligt. Da er von Mustapha Mond für überdurchschnittlich gut und damit für destabilisierend gehalten wird (vgl. auch S. 93 „a little *too* able"), wird seine Beteiligung an der Revolte zur Isolation und Versetzung auf die Falkland-Inseln genutzt.

Lenina Crowne

Lenina Crowne[27] ist eine Angestellte des *Hatchery and Conditioning Centre* in London und trotz Lupus[28] „uncommonly pretty“ (S. 38). Zu ihren vielen Verehrern gehört auch der D. H. C., der während eines Rundgangs nicht an sich halten kann: „‘Charming, charming,’ murmured the Director, and, giving her two or three little pats …“ (S. 38). Für Lenina Crowne bedeutet das keinen Übergriff, vielmehr geht sie vollkommen konform mit der vom System vorgeschriebenen Promiskuität, auch wenn sie eine gewisse Anhänglichkeit ihren Liebhabern gegenüber entwickelt. So erzählt sie ihrer Freundin Fanny, dass sie seit vier Monaten allein mit Henry ausgeht. Während ihr Fanny ins Gewissen redet, gesteht Lenina: „Somehow … I hadn't been feeling very keen on promiscuity lately.“ (S. 68) Sie gelobt allerdings Besserung und erzählt umgehend von der geplanten Reise mit Bernard Marx.

Attraktiv und systemkonform

Lenina ist eine Beta und ein vollkommenes Produkt von Konditionierung und Hypnopädie. Sie repetiert unkritisch die erlernten Schlafschullektüren: „‘A gramme [Soma] in time saves nine,’ said Lenina, producing a bright treasure of sleep-taught wisdom.“ (S. 117) Oder „‘Everybody's happy nowadays.’ He [Bernard Marx] laughed … We begin giving the children that at five.’“ (S. 119) Ungewohntes macht ihr Angst, seien es die individuellen Ansichten von Bernard Marx („Lenina was shocked by his blasphemy.“ S. 118) oder die Zustände in der Reservation, die sie mit Marx besucht: „But it's terrible, … It's awful. We ought not to have come here.“ (S. 142) Angesichts der dortigen Verhältnisse und der Konfrontation mit der

Vollkommenes Produkt des Weltstaates

---

27 Der Name geht zurück auf den russischen Revolutionär „Wladimir Lenin“ und den englischen Dramatiker „John Crowne“ (spätes 17. Jhd.). Crowne verfasste Bühnenstücke über die heroische, romantische Liebe – eine ironische Spitze hier die allein auf körperliche Erfüllung setzende Lenina in *Brave New World*.

28 Lupus ist eine Erkrankung der (Gesichts-)Haut. Vgl. S. 38: „… for all the lupus and the purple eyes …“

verwahrlosten Linda muss sie eine hohe Dosis Soma nehmen, weil sie nicht in der Lage ist, sich mit der Situation auseinanderzusetzen. Ihr schlichtes Gemüt ist auf Konsum und Sex ausgerichtet – und nicht auf Problemlösung.

Sie richtet ihr erotisches Begehren auf John, der sie zuerst rein körperlich anzieht: „Lenina was smiling at him; such a nice-looking boy, she was thinking, and a really beautiful body." (S. 149) Aber ihre wohlsortierte Gefühlswelt kommt durch Johns Verhalten ins Wanken, denn „... Fanny, *I like* him." (S. 204). Sie, die ansonsten jeden haben kann, scheitert. Ihre unverhüllte Triebhaftigkeit stößt John ab, was sie ihrer Normung wegen noch nicht einmal verstehen kann. Als sie zusammen mit einer Horde Neugieriger bei seinem Leuchtturm erscheint, um sein Geißelungsritual zu beobachten, wird sie von ihm verprügelt.

Nebenfiguren

Der D. H. C.

Vollkommener Weltbürger

Der D. H. C. ist ein Alpha und Leiter des *Central London Hatchery and Conditioning Centre*. Er ist „tall and rather thin but upright" (S. 23), mit vorstehenden Zähnen, langem Kinn und „old" (vgl. S. 141). Laut Fanny Crowne, von der er als „stickler" (S. 66; dt. Pedant) bezeichnet wird, achtet er auf Konventionen („The strictest conventionality." S. 66). Seine Rolle und Funktion als D. H. C. erfüllt er perfekt. Nur einmal lässt er sich gehen, als er Bernard Marx von seiner 25 Jahre zurückliegenden Reise nach Neu-Mexiko und dem Verlust seiner damaligen Freundin erzählt. Er bereut die Offenheit einem Angestellten gegenüber jedoch sofort: „... the Director started into a guilty realization of where he was; shot a glance at Bernard, and averting his eyes, blushed darkly" (S. 126) und wird aggressiv. Er droht Marx mit Sanktionen und will ihn aus Furcht vor Indiskretion und Machtverlust auf eine Insel versetzen.

Zur Verbannung kommt es allerdings nicht mehr. Als der D. H. C. Marx mit seiner ihm eigenen Theatralik nach dessen Rückkehr aus der Reservation vor den Kollegen demütigen will, wird er von Marx mit Linda und dem gemeinsamen Sohn konfrontiert, woraufhin der D. H. C. die Fassung verliert. Ihm, für den es nichts Schlimmeres gibt als unkonventionelles Verhalten („no offence is so heinous as unorthodoxy of behaviour" S. 182/183), bleibt nach diesem Skandal nur der Rücktritt.

Systemkonformität vs. Vatergefühle

Henry Foster

Henry Foster[29] ist ein Alpha und arbeitet ebenfalls am *Central London Hatchery and Conditioning Centre*. Er ist jung und sehr ehrgeizig, was ihm das Wohlwollen des D. H. C. sichert: „'That's the spirit I like!' cried the Director, and clapped Mr. Foster on the shoulder." (S. 28) Foster erscheint smart und versteht es, dem D. H. C. zu schmeicheln: „'We also predestine and condition. We decant our babies as socialized human beings, as Alphas or Epsilons, as future sewage workers or future ...' He was going to say 'future World Controllers,' but correcting himself, said 'future Directors of Hatcheries' instead." (S. 34)

Sein Engagement und Ehrgeiz beruht auf der vollkommenen Akzeptanz der gesellschaftlichen Verhältnisse. Foster fühlt sich wohl auf dem Platz, den der Weltstaat ihm in seinem Gefüge zugewiesen hat. Zufrieden mit sich und der Welt verbringt er seine Freizeit mit Sport, Kino und Sex, wie es das System von ihm erwartet. Dabei zeigt er Frauen gegenüber eine Haltung, die sie verdinglicht: er behandelt Lenina wie eine Sache und beschreibt sie mit dem Terminus „pneumatic" (S. 69). Als Crowne sich verspätet zum ver-

Perfekter Angestellter und Konsument

---

29 Der Namen kann Bezug auf „Henry Foster" (Offizier der britischen Marine, der naturwissenschaftlich forschte) oder „John Foster" (englischer Essayist) sein.

abredeten Stelldichein einfindet, begrüßt er sie wenig charmant mit einem vorwurfsvollen „Four minutes late" (S. 85). In seinem Beruf äußerst tüchtig, erscheint Foster ansonsten als langweiliger, systemkonformer Pedant. Henry Foster scheint von Huxley als weibliches Gegenstück zu Fanny Crowne konzipiert.

Linda

Außenseiterin im Reservat

Linda ist die ehemalige Geliebte des D. H. C., eine Beta-minus und Johns Mutter. Ursprünglich im neuen Weltstaat lebend, hatte sie vor 25 Jahren mit dem D. H. C. eine Reise in die Reservation unternommen, wobei sie verunglückt und von den dort lebenden Indianern gefunden und gepflegt worden war. Da der D. H. C. ohne sie nach London zurückkehrte, blieb sie in der Reservation und bekam den gemeinsamen Sohn John.

Drogen: Mescal, Peyotl, Soma

Linda ist in beiden Welten eine Ausgestoßene. Im neuen Weltstaat als „Beta" konditioniert, versucht sie sich in der Reservation normgerecht zu verhalten; sie konsumiert Mescal und Peyotl anstelle von Soma und lebt promiskuitiv („Lots of men came to see Linda." S. 162), was ihr Verachtung und Prügel einbringt. Sie versucht John im Sinne des Weltstaates zu erziehen, bringt ihm Schlafschulweisheiten und das Lesen bei. Zwar kümmert sie sich um ihn so gut sie kann, doch sie betrachtet ihn mit einer Art Hassliebe. Und manchmal bricht die Verbitterung aus ihr heraus, da ihr durch Johns Geburt die ersehnte Rückkehr nach London versagt blieb: „'Turned into a savage,' she shouted. 'Having young ones like an animal ... If it hadn't been for you, I might have gone to the Inspector, I might have got away. But not with a baby. That would have been to shameful.'" (S. 160)

Außenseiterin im Weltstaat

Linda ist während der Zeit im Reservation körperlich verkommen. Es fehlen ihr u. a. zwei Schneidezähne und sie ist sehr dick: „So fat. And all the lines in her face, the flabbiness, the wrinkles. ...

And under the brown sack-shaped tunic those enormous breasts, the bulge of the stomach, the hips.“ (S. 151) Ihre Mutterschaft, doch vor allem ihre körperlichen Unzulänglichkeiten machen sie in London, wohin sie auf Betreiben von Bernard Marx zurückkehrt, zu einer Unperson. „Finally – and this was by far the strongest reason for people's not wanting to see poor Linda – there was her appearance. ... So the best people were quite determined *not* to see Linda.“ (S. 188) Linda ihrerseits ergibt sich dem Soma-Dauerrausch. Sie stirbt schließlich mit 44 Jahren (vgl. S. 244) an einem Zuviel der Droge: betäubt – ohne ihren Sohn John noch einmal richtig wahrzunehmen.

Fanny Crowne

Gutmütig und angepasst

Die „Beta“ Fanny Crowne ist eine Kollegin und Freundin Lenina Crownes. Ihre Namensgleichheit entstammt einer Art heuristischem Treffer, der aus dem Missverhältnis resultiert, dass zwei Milliarden Menschen nur zehntausend Namen zur Verfügung stehen. Fanny ist 19 Jahre alt, besitzt ein „moon-like face“ (S. 64) und ist vollkommen systemkonform. Sie ermahnt Lenina, die eine emotionale Bindung zu Henry Foster aufbaut, zur vom System vorgeschriebenen Promiskuität: „Fanny nodded her sympathy and understanding. 'But one's got to make the effort ... one's got to play the game. After all, every one belongs to every one else.'“ (S. 68) Sie ist perfekt normiert, ein Hinterfragen des Systems ist für sie ausgeschlossen.

Weitere Nebenfiguren im Text:

- → **Benito Hoover** ist ein Kollege Henry Fosters und einer der zahlreichen Ex-Liebhaber Lenina Crownes.
- → Der **Arch-Community-Songster of Canterbury** ist eine Art Geistlicher mit einem bigotten Lebenswandel.

→ **Popé und Mitsima:** Von beiden in der Reservation lebenden Indianern erzählt John in seinem Gespräch mit Bernard Marx. **Popé** war der Hauptliebhaber Lindas und schenkte John die für ihn prägende Shakespeare-Ausgabe. **Mitsima** war einer der Stammesälteren und brachte John einige Fertigkeiten der Indianer (z. B. Töpfern vgl. S. 167) bei. In Johns Erzählung wirkt er wie eine Vater-Figur.

3.5 Sachliche und sprachliche Erläuterungen

Foreword

S. 12	**Thirty Years War**	Der Dreißigjährige Krieg, 1618–1648.
S. 13	***The Times***	Eine seit 1785 herausgegebene britische Tageszeitung.
S. 13	**Bolshevism**	Bolschewismus: Eine Ausrichtung der marxistisch-leninistischen Ideologie.
S. 16	**Mr. Churchill**	Sir Winston Leonard Spencer-Churchill (1874–1965): britischer Premierminister in den Jahren 1940–1945 und 1951–1955.
S. 17	**Hypnopaedia**	Hypnopädie: eine Methode, die Lernstoff im Schlaf vermittelt.

1. Kapitel

S. 24	**Bokanovsky's Process**	Ein fiktives Verfahren zur Gewinnung zahlreicher identischer Lebewesen.
S. 28	**Singapore**	Stadtstaat in Südostasien.
S. 28	**Mombasa**	Hauptstadt von Kenia, Afrika.
S. 38	**Lupus**	Lupus erythematodes: Autoimmunerkrankung, die mit einer Gesichtsrötung einhergeht.

2. Kapitel

S. 50	**Khaki**	Sowohl eine Farbe als auch ein Stoff aus Leinen oder Baumwolle (Uniform).

3. Kapitel

S. 57	**Thebes**	Theben war eine altägyptische Stadt am Nil.
S. 57	**Babylon**	Alte Stadt am Euphrat und Hauptstadt Babyloniens (heute: Irak).
S. 57	**Cnossos**	Knossos: Antike Stadt auf Kreta. Heute Ausgrabungsstätte der minoischen Kultur.

S. 57	**Mycenae**	Mykene: antike griechische Stadt.
S. 58	**Odysseus**	Griechischer Sagenheld.
S. 58	**Job**	Hiob: biblische Figur.
S. 58	**Jupiter**	Oberhaupt der römischen Götter.
S. 58	***King Lear***	Tragödie von William Shakespeare.
S. 63	**Samoa**	Inselstaat im Pazifik.
S. 71	**ectogenesis**	Ektogenese: Zeugung und Entwicklung eines Embryos in einem künstlichen Uterus.
S. 73	**$CH_3C_6H_2(NO_2)_3$**	TNT (Trinitrotoluol), ein Sprengstoff.
S. 73	**$Hg(CNO)_2$**	Quecksilber(II)-fulminat, Salz der Knallsäure. Wurde u. a. in Sprengkapseln zur Zündung von Dynamit eingesetzt.

4. Kapitel

S. 88	**Brentford**	Stadtteil Londons.

5. Kapitel

S. 99	**P_2O_5**	Diphosphorpentoxid: wird mit Wasser zu Phosphorsäure umgesetzt.
S. 102	**ambergris**	Ambra: Substanz zur Parfümherstellung.
S. 102	**sandalwood**	Sandelholz: Holzart zur Möbel- und Parfümherstellung (Duft).

6. Kapitel

S. 124	**New Mexico**	Amerikanischer Bundesstaat.
S. 129	**New Orleans**	Stadt im amerikanischen Bundesstaat Louisiana.
S. 129	**Santa Fé**	Hauptstadt Neu-Mexikos.
S. 130	**eau-de-Cologne**	„Kölnisch Wasser", Parfum.
S. 135	**Malpais**	Eigentlich „El Malpais National Monument": eine vulkanisch geprägte Region in Neu-Mexiko. Bei Huxley Bezeichnung für das Reservat.

7. Kapitel

S. 137	**mesa**	Mesa: Tafelberg in Neu-Mexiko.
S. 139	**turquoise**	Türkis (Edelstein).
S. 140	**obsidian**	Dunkles, vulkanisches Gesteinsglas.

8. Kapitel

S. 170	**Kiva**	Unterirdischer Versammlungs- und Zeremonienraum der Pueblo-Kulturen.

11. Kapitel

S. 201/202	***The Merchant of Venice***	*Der Kaufmann von Venedig*, Komödie von William Shakespeare.
S. 205	**Ducal Opera of Parma**	Opernhaus in der italienischen Stadt Parma.
S. 205	**Lucrezia Ajugari**	(1741–1783), italienische Sopranistin. Es ist ein Brief von Leopold Mozart überliefert, der im Jahr 1770 Agujari in der Oper von Parma das C über dem hohen C singen hörte.
S. 210	***Othello***	Tragödie von William Shakespeare.

12. Kapitel

S. 215	***Romeo and Juliet***	Tragödie von William Shakespeare.
S. 274	**Falkland Islands**	Inselgruppe im Südatlantik.

17. Kapitel

S. 275	**William James**	(1842–1910), amerikanischer Philosoph und Psychologe.

3.6 Stil und Sprache

ZUSAMMENFASSUNG

Huxley schreibt rein oberflächlich gesehen in einer **klaren, verständlichen Sprache**. Allerdings ist sein Text *Brave New World* gespickt mit Termini aus dem technisch-naturwissenschaftlichen Bereich, **intertextuelle Bezüge** wie Shakespeare-Zitate, **Wortneuschöpfungen und Anspielungen** aus allen Themenfeldern (u. a. Literatur, Philosophie, Psychologie, Wissenschaft).

Die Sprache Aldous Huxleys

Figurensprache

Huxley schreibt in einer **klaren, verständlichen Sprache**, was *Brave New World* als Schullektüre sehr beliebt macht. Die Sätze im Text sind überwiegend **parataktisch angeordnet** und der Autor verwendet häufig **wörtliche Rede**. Der Aspekt der **Figurensprache** ist bei der Sprachbetrachtung von *Brave New World* besonders interessant. Sprechen die Bürger des Weltstaates eher einfach, so ist die Sprache Johns sehr viel anspruchsvoller und farbiger. Als Shakespeare-Kenner zitiert John sein Vorbild entweder direkt oder orientiert sich mit seiner Diktion an der Sprache des Dichters, wobei **Pathos und Komik** nahe beieinanderliegen. Beispielhaft in jener Szene, als er Lenina seine Zuneigung gesteht:

> „'I'll do anything,' he went on, more and more incoherently. 'Anything you tell me. *There be some sports are painful – you know. But their labour delight in them sets off.*[30] That's what I feel. I mean I'd sweep the floor if you wanted.'" (S. 231)

---

30 Hervorhebung nicht im Original.

Das kursiv Gedruckte ist ein Zitat aus der Shakespear'schen Komödie *The Tempest*. Der Ausdruck hohen Gefühls in Kombination mit dem raumpflegerischen Angebot wirkt sehr komisch und für Lenina doppelt befremdlich. Bernard Marx dagegen benutzt gerne **Imperative.** Er hat ein geringes Selbstwertgefühl und versucht sich durch einen groben Ton gegenüber Angehörigen der niederen Kasten aufzuwerten.

Sprachmanipulation

Allgemein lässt sich feststellen, dass die **Sprache der Weltstaatler sehr einfach** und Ausdruck schlichten Denkens ist. Dies lässt sich an den Dialogen ablesen (besonders an den Dialogen zwischen Lenina Crowne und Henry Foster), in denen im Grunde genommen nur das kommuniziert wird, was den Sprechenden via Hypnopädie „eingetrichtert" worden ist. Die Dialoge sind repräsentativ für Menschen, die einer Gehirnwäsche unterzogen worden sind. Sie verweisen auf die totalitäre Ausrichtung des Weltstaates. Die Menschen – und deren Sprache – wurden (u. a. mit Sprache) manipuliert.

Erzählverhalten und Erzählperspektive

Erzählperspektive und Erzählerstandort

Die **Erzählperspektive** lässt erkennen, ob der Erzähler Fremdpsychisches kennt oder nicht. Verfügt er über **fremdpsychisches Wissen**, so stellt er die Figuren **mit Innensicht** dar. Kennt er nichts Fremdpsychisches, so verfügt er über **Außensicht**. Innensicht wird durch Signalworte angezeigt, die auf psychische Prozesse schließen lassen. Der **Erzählerstandort** bezeichnet den Standort des Erzählers im Verhältnis zu den Figuren und Ereignissen im räumlichen und zeitlichen Sinn. Man unterscheidet zwischen ***externem point of view*** (Distanz zum Erzählten) und ***internem point of view*** (Nähe zum Erzählten).

Beim Erzählverhalten unterscheidet man grundsätzlich folgende Dreier-Typologie:

Kommentiert und reflektiert

→ **Auktoriales Erzählverhalten**: Der Erzähler gibt sich als eigenständige Instanz zu erkennen. Er kommentiert, reflektiert und urteilt. Auf der Grundlage eines externen *point of view* offenbart er ein umfassendes Wissen über das Erzählte. Dies schließt die *Innensicht*, Wissen um Vorgeschichte und zukünftige Entwicklungen ein. Ein für den auktorialen Erzähler typische Erzählhaltung ist die **Ironie**.

Erlebte Rede Innerer Monolog

→ **Personales Erzählverhalten**: Der Erzähler nähert sich erkennbar dem Standpunkt der erzählten Figur an. Dies gilt besonders dann, wenn er mit Innensicht erzählt. Darbietungsweisen sind erlebte Rede oder innerer Monolog.

Dialoge Erzählerbericht

→ **Neutrales Erzählverhalten**: Der Erzähler gibt sich nicht als eigenständige Instanz zu erkennen, sein Verhältnis zum Erzählten ist unspezifisch und somit neutral. Dieses Erzählverhalten neigt zum *externen point of view*, aber nicht notwendig zur Innensicht.

Überwiegend auktoriales Erzählverhalten in *Brave New World*

In *Brave New World* wechselt das Erzählverhalten, wobei das **auktoriale Erzählverhalten überwiegt**. Es erscheint u. a. in der Analepse des 8. Kapitels (vgl. S. 34 dieses Bandes), in dem der Erzähler dem Leser sein Wissen über Johns Kindheit vermittelt. Ebenso in der im 13. Kapitel erscheinenden Prolepse, in der der Erzähler auf einen 22 Jahre später sich ereignenden Tod eines Administrators – durch den Fehler von Lenina verursacht – verweist. Der Erzähler verfügt also über **Wissen um Vorgeschichte und zukünftige Ereignisse**, was charakteristisch ist für den auktoriales Erzählen. Die für ein auktoriales Erzählen ebenfalls typische **Ironie** (vgl. S. 68 dieses Bandes) durchzieht den gesamten Text, sei es in **Wortspielen** (vgl. S. 68 dieses Bandes) oder in Äußerungen Johns wie der folgenden: „From the bathroom came an unpleasant and characteristic sound. ... 'Did you eat something that didn't agree with you?' asked Bernard. The Savage nodded. 'I ate civilization.'" (S. 287)

Das **neutrale Erzählverhalten** findet sich verwirklicht im Erzählerbericht und in den Dialogen der Figuren, die ohne Erzähler- oder Figurensichtweise wiedergegeben werden. Als Beispiel ist hier ein Auszug aus dem 17. Kapitel gewählt, in dem Mustapha Mond und John the Savage diskutieren:

> „'V.P.S.?'
> 'Violent Passion Surrogate. Regularly once a month. We flood the whole system with adrenalin. It's the complete physiological equivalent of fear and rage. All the tonic effects of murdering Desdemona and being murdered by Othello, without any of the inconveniences.'
> 'But I like the inconveniences.'
> 'We don't,' said the Controller. 'We prefer to do things comfortably.'
> 'But I don't want comfort. I want God, I want poetry, I want real danger, I want freedom, I want goodness. I want sin.'
> 'In fact,' said Mustapha Mond, 'you're claiming the right to be unhappy.'" (S. 285)

Personales Erzählverhalten und somit Innensicht findet sich in *Brave New World* ebenfalls. Ein Beispiel für personales Erzählverhalten ist folgendes Zitat in der Darbietungsweise der erlebten Rede: „'Hurry up!' said Bernard irritably. One of them glanced at him. Was that a kind of bestial derision that he detected in those blank grey eyes? 'Hurry up!' he shouted more loudly, ..." (S. 91) Die erlebte Rede ist typisch für personales Erzählverhalten. Der Erzähler

Innensicht: Wissen um Psychologie

als vermittelnde Instanz wird beibehalten, dieser schließt sich dem internen point of view der gerade fokussierten Figur an. Durch die Innensicht erlangt der Leser Wissen um die **Psychologie der Figur**.

Ironie

Ironie: Brechung und Distanz

Die Ironie ist eine Erzählhaltung. Der literaturwissenschaftliche Terminus beschreibt, ob eine **wertende Haltung des Erzählers** zu erkennen ist oder nicht. Wird Ironie eingesetzt, liegt eine wertende Erzählhaltung vor. Als Erzählhaltung eingesetzte Ironie erfüllt zwei Funktionen:

1. Brechung: Der Leser bleibt dem Geschehen und den Figuren gegenüber distanziert.
2. Überprüfung des Gelesenen durch den Leser: Der Leser wird dazu animiert, das Gegenteil von dem zu verstehen, was er gelesen hat. Dies führt zur Überprüfung des Gelesenen.

Wortspiele

Aus Johns Angewohnheit Shakespeare zu zitieren, macht Huxley ein wunderbares Wortspiel. Hier zunächst das Shakespeare-Zitat[31]: „O brave new world that has such people in it." (S. 196). Dieses Zitat ist durchaus als **ironisches Wortspiel** zu begreifen, vergegenwärtigt man sich, dass die Vereinigten Staaten von Amerika auch als „Neue Welt" bezeichnet werden. Zudem kann das Zitat auf zweierlei Weise gelesen werden: als Bewunderungsausruf und zum anderen als Schreckensausruf.

Schlafschulweisheiten

Ironisch zu lesen sind auch die **Dialoge und Schlafschulweisheiten** im 3. Kapitel. Auf den ersten Blick erscheinen sie zusammenhanglos aneinandergereiht, doch durch die ironische Art der Kombination entlarven sie sich gegenseitig und ermöglichen einen

31 Aus: William Shakespeare. *The Tempest* (dt.: *Der Sturm*).

belustigt-distanzierten Blick auf die Gepflogenheiten des Weltstaates und seiner Bürger.

„'The introduction of Our Ford's first T-Model ...'
'I've had it nearly three months.'
'Chosen as the opening date of the new era.'
'Ending is better than mending; ending is better ...'
'There was a thing, as I've said before, called Christianity.'
'Ending is better than mending.'
'The ethics and philosophy of under-consumption ...'
'I love new clothes, I love new clothes, I love ...'
'So essential when there was under-production; but in an age of machines and the fixation of nitrogen – positively a crime against society.'
'Henry Foster gave it me.'
'All crosses had their tops cut and became T's. There was also a thing called God.'
'It's real morocco-surrogate.'
'We have the World State now. And Ford's Day celebrations, and Community Sings, and Solidarity Services.'
'Ford, how I hate them!' Bernard Marx was thinking." (S. 77)

Zur Thema Ironie gehören auch weitere **intertextuelle Bezüge und Verfremdungen** (vgl. Kontrafaktur S. 82 dieses Bandes)

⇨ S. 78 ff. dieses Bandes

Chronologisches Erzählen und Abweichung

Die Handlungsabfolge wird von Huxley **überwiegend chronologisch** erzählt, nur im 3. Kapitel weicht Huxley von diesem erzählerischen Vorgehen ab. Im 6. Kapitel erfährt der Leser via Analepse (Rückwendung) Einzelheiten über Lenina Crownes erste Reise mit Bernard Marx (vgl. S. 116 ff.), im 8. Kapitel erfährt der Leser in einer weiteren Analepse Einzelheiten über die Kindheit und Jugend Johns (vgl. S. 156 ff.). Im 13. Kapitel setzt Huxley eine Prolepse ein: „Twenty-two years eight months and four days from that moment, a promising young Alpha-Minus administrator at Mwanza-Mwanza was to die of trypanosomiasis – the first case for over half a century." (S. 227)

Prolepse und Analepse sind Formen der **Anachronie**, der Umstellung der chronologischen Ereignisfolge in der erzählerischen Darstellung. Die **Prolepse ist eine Vorausdeutung**: Ein in der Zukunft liegendes Ereignis wird vorwegnehmend erzählt. Mit der **Analepse wird ein Ereignis nachträglich dargestellt**. Diese beiden Stilmittel spielen in *Brave New World* jedoch eine untergeordnete Rolle.

Szenisches Erzählen

Montage und szenisches Erzählen in *Brave New World*

Auf den ersten Blick scheinen Film und Literatur verschiedenen Welten anzugehören. Diese Trennung ist jedoch nicht gerechtfertigt, da sowohl die literarischen Gattungen Epik und Dramatik als auch der Film auf der Grundlage der Fiktionalität Menschen in ihrem Tun und Handeln zeigen. (Eine Ausnahme ist der Dokumentarfilm.) Die Trennung von Filmkunst und literarischer Kunst ist also nicht so eindeutig, wie man zunächst annehmen möchte. Dies legitimiert die Verwendung kinematographischer Techniken wie die **Montage bzw. szenisches Erzählen** im Roman.

Darstellung von gleichzeitig verlaufenden Ereignissen

Vielfach wird in der modernen Literatur die dem Film entliehene Technik des szenischen Erzählens verwendet. Analog zum Szenenwechsel im Film werden mittels dieser Technik parallel sich ereignende Handlungsabläufe erzählt. Auch Huxley hat sich bei *Brave New World* dieser Erzähltechnik bedient. Bezeichnend dafür ist das 3. Kapitel, in dem Parallelereignisse nacheinander erzählt und dabei zwischen den verschiedenen Handlungsorten hin und her gesprungen wird. Huxley beginnt die Reihung der Szenen mit dem Auftritt Mustapha Monds im Garten des *Hatchery and Conditioning Centre* und fährt fort mit einer Szene in den Umkleideräumen der Männer. Es folgt ein Wechsel zurück in den Garten, dann wieder in die Umkleideräume und zurück zu Mustapha Mond im Garten. Dann legt Huxley den Fokus auf einen dritten Schauplatz, die Umkleideräume für Frauen (ab S. 59), dann wieder auf Mond im Garten und so weiter. Die narrative Darstellung des Geschehens an den verschiedenen Schauplätzen verkürzt sich in der Folge mehr und mehr auf die Wiedergabe von Dialogen, die in ihrer Reihung und Prägnanz einen **Einblick in den Geist dieses Staates** erlauben. Der erzähltechnische Kniff liegt in der Evokation mehrerer parallel ablaufender Geschehen durch den Leser.

Themen und Motive

Motive sind die kleinsten Einheiten der Romanhandlung. Huxley arbeitet mit zentralen Motiven, die sich wiederholen. Erste Eindrücke, die der Leser bei der Rezeption gewinnt, können sich durch **Motivwiederholungen** verdichten und so eine erzählte Welt formen. Gleichzeitig sorgen die Motivwiederholungen für die Kohäsion der einzelnen Kapitel miteinander, so dass durch diese Art der narrativen Verknüpfung schließlich **ein komplexes erzählerisches Ganzes** entsteht. Beispiele und Effekt der Wiederholungen werden im Folgenden vorgestellt und erläutert:

Motivwiederholungen dienen der narrativen Verknüpfung

MOTIV	ERST-NENNUNG	WIEDERHOLUNG	EFFEKT
Gesellschaft (society)	„Community, Identity, Stability." (S. 21)	„Not philosophers, but fret-sawyers and stamp collectors compose the backbone of society." (S. 22) „Whereas …, if they could discover a technique for shortening the period of maturation, what a triumph, … what a benefication to society." (S. 35) „So essential when there was under-production; but in an age of machines and the fixation of nitrogen – positively a crime against society." (S. 77)	In der Erstnennung findet sich das gesellschaftliche Programm definiert, in der Zweitnennung wird der intellektuelle Status der Gesellschaft dargestellt. Durch die Wiederholung des Motivs „Gesellschaft" (society) in Verbindung mit den unterschiedlichen Kontexten wird offensichtlich, dass Gesellschaft kein soziales Gefüge auf der humanistischer Grundlage ist, sondern als Wirtschaftsgemeinschaft angesehen wird.
Konsum	„For example, there was the conscription of consumption." (S. 74)	„You can't consume much if you sit still and read books." (S. 75)	Konsum ist vorgeschrieben. Durch die Wiederholung des Konsummotivs im Kontext mit Bildung kann man schließen, dass Konsum Priorität eingeräumt wird. (Dieses Motiv korrespondiert mit dem Motiv „Gesellschaft").
Das „T"	„'… after Our Ford's T-Model was put on the market.'	„The introduction of Our Ford's first T-Model …" (S. 77); „All crosses had their tops cut and became T's." (S. 77); „Does it start from the	Die Erstnennung hat eine erklärende Funktion: Der Leser erfährt, dass es sich bei dem T-Modell um ein Auto handelt. Die sich wiederholenden

MOTIV	ERSTNENNUNG	WIEDERHOLUNG	EFFEKT
	(Here the Director made a sign of the T on his stomach ...)." (S. 47)	Charing-T Tower?" (S. 83); „The President stood up, made the sign of the T ..." (S. 107); „And she had shown Bernard the little golden zipper-fastening in the form of a T which the Arch-Songster had given her as a memento of the weekend she had spent at the Diocesan Singery." (S. 214); „The golden T lay shining on Lenina's bosom." (S. 217); „On the table ... lay a massive volume ... and stamped with large golden T's. ... MY LIFE AND WORK, BY OUR FORD." (S. 261)	Nennungen des Motivs erlauben den Schluss, dass das „T" ein weltliches und religiöses Symbol des Staates ist. Es wird als architektonisches Raumzeichen eingesetzt, als religiöses Symbol hat es das Kreuz der Christen ersetzt; so trägt es der Kirchenfürst als Zeichen seiner Würde. Das „T" ist allgegenwärtig und verkörpert die allgegenwärtige Präsenz des Staates und seines eigentlichen Schöpfers Ford, dessen Autobiographie natürlich auch mit „T's" versehen ist.
Our Ford/ Ford	„A. F." (S. 23)	„'Once upon a time ... while our Ford was still on earth ..." (S. 45); „... only twenty-three years after Our Ford's first T-Model was put on the market." (S. 47); „... *first used officially in A. F. 214*." (S. 47); „... strange to think that even in Our Ford's day most games were played without more apparatus than a ball or two ..." (S. 53); „Straight from	In der Erstnennung kann man die Bezeichnung „A. F." als Leser noch gar nicht richtig zuordnen. Erst in der Zweit- und Mehrfachnennung erschließt sich Ford im Text als eine gottähnliche Figur. Durch die Wiederholungen wird Ford in einen ikonographischen Kontext gesetzt. Ihm zu Ehren werden Rituale abgehalten und Denkmäler

MOTIV	ERST-NENNUNG	WIEDERHOLUNG	EFFEKT
		the mouth of Ford himself." (S. 57); „The introduction of Our Ford's T-Model … Chosen as the opening date of the new era." (S. 77); „We have the World State now. And Ford's Day celebrations …" (S. 77); „Our Ford loved infants." (S. 122); „… by his refusal to obey the teachings of Our Ford …" (S. 184); „In the centre of the quadrangle stood the quaint old chrome-steel statue of Our Ford." (S. 197); „Good-bye, my dearest, dearest friends, Ford keep you!" (S. 259); „It's curious … to read what people in the time of Our Ford used to write about scientific progress." (S. 272); Zusätzlich viele Interjektionen wie „Oh Ford".	errichtet. Seine Funktion als Gottesersatz erschließt sich vor allem aus der neuen Zeitrechnung und ihrer Schreibweise: Nicht A. D. wird verwendet, sondern A. F. Auch in der Alltagssprache ist er präsent, worauf die zahlreichen Interjektionen hinweisen.
Kunst	„You can't consume much if you sit still and read books." (S. 75)	„But that's the price we have to pay for stability. You've got to choose between happiness and what people used to call high art. We've sacrificed the high art." (S. 264)	Dargestellt wird das Denken der *Controller.* Apodiktisch und ignorant wird Kultur negiert zugunsten einer Vorstellung von gesellschaftlicher Stabilität.

MOTIV	ERST-NENNUNG	WIEDERHOLUNG	EFFEKT
Sex und Promiskuität	„'But every one belongs to every one else,' he concluded …" (S. 64)	„I really do think you ought to be careful. It's such horribly bad form to go on and on like this with one man." (S. 65); „And seeing that, you *ought* to be a little more promiscuous …" (S. 67); „After all, every one belongs to every one else." (S. 68); „Every one belongs to every one else, after all." (S. 72); „She was a popular girl and … had spent a night with almost all of them." (S. 81); „Orgy-porgy, Ford and fun,/Kiss the girls and make them One./Boys at one with girls at peace;/Orgy-Porgy gives release." (S. 112); „Don't imagine … that I'd had any indecorous relation with the girl. Nothing emotional, nothing long-drawn." (S. 126); „And I had six girls last week … " (S. 192)	Promiskuität wird als Verhalten vorgeschrieben; sie wird als Dienst an der Gesellschaft, die mehr zählt als das Individuum, verstanden. Promiskuität dient auch der persönlichen Aufwertung, wie aus dem letzten Zitat von Bernard Marx hervorgeht.

MOTIV	ERST-NENNUNG	WIEDERHOLUNG	EFFEKT
Alter, Tod und Krankheit	„It was some human being finally and definitely disappearing. Going up in a squirt of hot gas." (S. 101)	„'Old? ... they're not like that.' 'That's because we don't allow them to be like that. ... Youth almost unimpaired till sixty, and then, crack! The end.'" (S. 141); „Death conditioning begins at eighteen months. Every tot spends two mornings a week in a Hospital for the Dying. ... They learn to take dying as a matter of course." (S. 201); „Linda was dying in company – in company and with all the modern conveniences." (S. 240)	Krankheit und Alter gibt es nicht. Der Tod wurde profanisiert und ihm wurde die Würde genommen. Der Tote wird verbrannt, wobei er gewissermaßen vollkommen in Rauch aufgeht. Daraus kann man schließen, dass es im Weltstaat keine Friedhöfe gibt. Diese wären Orte der Ruhe, des Respekts vor den Toten und ein Platz der Emotionen. Emotionen sind jedoch nicht gewünscht, da sie eine destabilisierende Wirkung hätten.
Soma	„Six years later it was being produced commercially. The perfect drug ... Euphoric, narcotic, pleaseantly halluciant ... 'What you need is a *gramme* of soma.'" (S. 78)	„People said of him that he could have got through life without ever touching *soma*." (S. 85); „What you need is a gramme of *soma*."(S. 85); „He put away the *soma* bottle, and taking out a packet of sex-hormone chewing-gum ..." (S. 85) Das Motiv des *Soma*-Konsums durchzieht den gesamten Roman. Konsumiert wird permanent, besonders bei emotional aufwühlenden Ereig-	Die staatlich legitimierte Droge Soma dient der Kontrolle der Bürger. Die Menschen leben sediert vor sich hin und realisieren nicht, dass sie manipuliert und um ihre Individualität betrogen werden. Für die Konstrukteure des Weltstaates ersetzt sie christliche Tugenden, wie aus dem Zitat S. 283 hervorgeht.

MOTIV	ERSTNENNUNG	WIEDERHOLUNG	EFFEKT
		nissen: „'But it's terrible,' Lenina whispered. 'It's awful …' She felt in her pocket for her *soma* …" (S. 142). Der Konsum und die Verteilung von *Soma* ist staatlich verordnet: „'The day's *soma* ration,' Bernard answered … 'They get it after their work's over. Four half-gramme tablets. Six on Saturdays.'" (S. 202); „'And there is always *soma* to calm your anger, to reconcile you to your enemies, to make you patient and long-suffering. In the past you could only accomplish these things by making a great effort and after years of hard moral training. … You can carry at least half your morality about in a bottle. Christianity without tears – that's what *soma* is.'" (S. 283)	

In *Brave New World* gibt es die narrative Technik der **Motivverbindung**. Als Beispiel soll hier die Kombination des Konsummotivs mit dem Bildungsmotiv genannt werden: „You can't consume much if you sit still and read books." (S. 75) Beide Motive verstärken

Kombination von verschiedenen Motiven

durch die Verbindung miteinander ihre Wirkung. Ahnt der Leser zu Beginn des Romans die Ausrichtung des Staates auf Konsum und weniger auf Bildung, so verstärkt sich dieser erste Eindruck und wird schließlich zur Gewissheit. Durch die Kombination der beiden Motive miteinander erfährt der Leser außerdem den Grund für den Ausschluss der Bildung und Kultur aus der Gesellschaft. In der Zeit, die der Mensch mit Lesen verbringt, kauft er nicht.

Motive zur Charakterisierung des totalitären Staates

Es bleibt noch festzuhalten, dass die aufgezählten zentralen **Motive nicht ausschließlich an Individuen gekoppelt sind, sondern an Staat und Gesellschaft**. Daraus kann man schließen, dass nicht einzelne Charaktere im Mittelpunkt des Romans stehen, sondern der totalitäre Staat in seiner Ausprägung.

Intertextualität

Beziehungen von Texten im Text

Der Begriff Intertextualität wurde von der französischen **Sprachwissenschaftlerin und Psychoanalytikerin Julia Kristeva** geprägt. Die Intertextualität sucht nach Beziehungen von Vorgängertexten (sogenannten Prätexten) und fragt nach möglichen Lesarten von Texten vor dem Hintergrund anderer Texte. Das wohl bekannteste Beispiel für Intertextualität ist die *Aeneis* des Vergil, der sich in vielfacher Hinsicht auf Homers *Odyssee* bezieht. Julia Kristeva selbst hat den Begriff Intertextualität später aufgegeben und ihn durch den Begriff „Transposition" ersetzt. Im literaturwissenschaftlichen Gebrauch hat sich „Transposition" allerdings nie durchsetzen können.

Kinderreime und Sprichwörter

Zu den von Huxley verwendeten Prätexten gehören die **Kinderreime** *Bye, Baby Bunting*, *Georgie Porgie, pudding and pye* und *Ride a cock horse to Banbury Cross*, **Sprichwörter** sowie Tragödien und Komödien Shakespeares.

Shakespeare-Texte

Huxley verwendet in Brave New World Text-Sequenzen aus

→ *Romeo and Juliet* (dt. *Romeo und Julia*)
→ *Othello*
→ *Hamlet*
→ *King Lear* (dt. *König Lear*)
→ *Macbeth*
→ *The Tempest* (dt. *Der Sturm*).

The Tempest

The Tempest ist eine Komödie über den vertriebenen Fürsten Prospero, der Ferdinand, den Sohn seines Gegners, durch einen Sturm in seine Gewalt bringt. Prosperos Tochter Miranda und Ferdinand verlieben sich und dürfen heiraten. Im Handlungskontext dieser Komödie tut Miranda im 5. Akt in einer für sie überraschend-freudigen Situation folgenden Ausruf:

„O wonder!
How many goodly creatures are there heere?
How beauteous mankinde is?
O brave new world
That has such people in't“[32]

➪ vgl. Ironie S. 68 dieses Bandes

Huxley lässt John Miranda mehrmals zitieren. Das erste Mal zitiert John Miranda hoch erfreut, nachdem er erfahren hat, dass er mit Bernard Marx, Lenina Crowne und seiner Mutter nach London gehen wird: „O wonder! ... How many goodly creatures are there here! How beauteous mankind is!“ (S. 173) „O brave new world ...“ (S. 174). Das zweite Mal zitiert er Miranda, nachdem er mit Gammas, Deltas und Epsilons konfrontiert wurde und er sich

---

32 Zitiert nach http://www.gutenberg.org/cache/epub/2235/pg2235.html

von der schönen neuen Welt zu entfremden beginnt (vgl. S. 196). Huxley **setzt damit eine ironische Spitze**. Ein weiteres Mal formuliert John das Zitat, als er nach dem Tode Lindas auf eine Horde Deltas trifft, die stumpf die Ausgabe ihrer Soma-Ration erwarten (vgl. S. 252–253). John ist inzwischen **desillusioniert** und das Zitat bekommt hier einen bitteren Beigeschmack.

Romeo and Juliet

Ironisch verwendet Huxley auch Texte aus ***Romeo and Juliet***. In dieser Tragödie geht es um zwei Liebende aus verfeindeten Familien, deren Leben tragisch endet. Eine **Analogie zur Liebe zwischen John the Savage und Lenina Crowne** bietet sich an: Einerseits die Zwiespältigkeit von Johns Gefühlen (Begierde – Scheu, Verbot vgl. S. 179). Und andererseits travestiert[33] Huxley *Romeo and Juliet* mit der Schilderung der Beziehung zwischen John und Lenina.

Othello

Mit ***Othello*** wird eine weitere Liebestragödie Shakespeares als Prätext verwendet. In dieser Tragödie tötet der dunkelhäutige Feldherr Othello aus (unbegründeter) Eifersucht seine weißhäutige Gattin Desdemona. Huxley benutzt die Tragödie u. a. stark verfremdet als Vorlage für einen „Feelie" – für einen jener Filme also, die technisch hochwertige, aber anspruchslose Unterhaltung im Weltstaat bieten. Huxley macht aus *Othello* den Feelie *Three Weeks In A Helicopter* (S. 205) mit einem „gigantic Negro and a golden-haired young brachycephalic Beta-Plus female" in den Hauptrollen (S. 206). Bei einem Helikopterunfall fällt der „Negro" auf den Kopf und entwickelt eine animalische Leidenschaft für die Beta-Frau. Er entführt die sich Sträubende unter spektakulären Umständen, doch sie wird von drei tapferen Alphas befreit, denen sie sich aus Dankbarkeit hingibt[34]. Mit dieser **Verfremdung der Tragödie** erzielt Huxley

Verfremdung und Komik

---

33 Eine Travestie ist eine komisch-satirische Änderung des Gattungs- und Stilniveaus eines bekannten literarischen Stoffes.

34 Die Szenerie erinnert ebenfalls stark an den Film *King Kong*. Dieser kam allerdings erst 1933 in die Kinos. 1932 erschien das Buch zum Drehbuch, geschrieben von Delos W. Lovelace.

einen komischen Effekt. John bemüht *Othello,* als er, angewidert von Leninas sexueller Offensive, sie als Hure beschimpft (vgl. S. 237).

Hamlet

Texte aus ***Hamlet*** verwendet John, als er die sexuelle Beziehung zwischen seiner Mutter und Popé bewertet: „Nay, but to live / In the rank sweat of an enseamed bed, / Stew'd in corruption, honeying and making love / Over the nasty sty …" (S. 165). John rekurriert damit auf Hamlet, der die schnelle Heirat seiner Mutter mit dem vermeintlichen Mörder seines Vaters zutiefst missbilligt.

Macbeth und *King Lear*

Auch ***Macbeth*** **und** ***King Lear*** haben das Denken Johns geprägt, so ist *King Lear* für ihn Diskussionsgrundlage, als er Mustapha Mond gegenüber die Religion verteidigt und mit Edmund einen der Protagonisten des Dramas zitiert (vgl. S. 280). Indem Huxley John folgende Sequenz aus ***Macbeth*** zitieren lässt, verweist er auf das tragische Ende von Johns Leben: „And all our yesterdays have lighted fools the way to dusty death." (S. 302)

Abschließend lässt sich festhalten, dass die den Shakespear'schen Dramen entstammenden Prätexte zwei wichtige Funktionen in *Brave New World* haben:

- → Zum einen stellen sie Johns emotionale Zustände dar, der die Texte Shakespeares zu seiner moralischen Instanz gemacht hat.
- → Zum anderen ironisieren bzw. kontrastieren die Shakespeare-Zitate das Geschehen (einmal auf der Handlungsebene, zum anderen auf der sprachlichen Ebene[35]).

---

35 Die getragene Sprache Shakespeares steht im direkten Widerspruch zu der sinnentleerten Sprache des Weltstaates. Vgl. S. 65 dieses Bandes.

Kontrafaktur

Veränderung eines älteren Textes

Die Kontrafaktur ist ein Verfahren, eine Vorlage (Text oder Melodie) **für eigene künstlerische Absichten zu verändern**. Im Gegensatz zur Parodie richtet sich die Kontrafaktur nicht gegen ihre Vorlage, sie kann aber durchaus witzig und aggressiv sein, z. B. in Verbindung mit der **Satire**. Da sich die Kontrafaktur auf bereits vorhandene Texte bezieht, ist sie eine intertextuelle Schreibweise. Die von Huxley verwendeten Textvorlagen sind Kinderreime wie *Georgie Porgie pudding and pie*:

> Georgie Porgie pudding and pie,
> Kissed the girls and made them cry.
> When the boys came out to play
> Georgie Porgie ran away.

Huxleys Kontrafaktur lautet:

> „Orgy-porgy, Ford and fun,
> Kiss the girls and make them One.
> Boys at one with girls at peace;
> Orgy-porgy gives release." (S. 112)

Verfremdete Kinderreime

Eine weitere Kontrafaktur ist „*Bye, Baby Banting, soon you'll need decanting*" (S. 156). Vorlage ist der Kinderreim *Bye, Baby Bunting, Father's gone a-hunting.* In diesen Kontext gehört auch die Verfremdung des Kinderreims *Ride a cock horse to Banbury Cross* zu „Streptocock-Gee to Banbury-T, to see a fine bathroom and W. C." (S. 153).

Ebenso wie die Kinderreime wurden von Huxley Sprichwörter umformuliert: Aus *A stich in time saves nine* macht er „A gramme in time saves nine" (S. 117). Die von Huxley verfassten Kontrafakturen wirken witzig und gehören in den ironischen Kontext des Romans (vgl. Ironie S. 68 f. dieses Bandes).

Stilmittel

STILMITTEL	DEFINITION	TEXTBELEG
Alliteration (engl. Alliteration)	Klangfigur: gleicher Anlaut aufeinander folgender Wörter	„Gamma-Gazette" (S. 91)
Anapher (engl. Anaphora)	Wiederholung eines Wortes oder einer Wortgruppe am Anfang aufeinanderfolgender Sätze, Satzteile, Textabschnitte oder Verse	„Happier than above it. Happier than your friends here, for example." (S. 268)
Epipher (engl. Epistrophe/ Epiphora)	Wiederholung eines Wortes oder einer Wortgruppe am Ende eines Textabschnittes	„It was the others. I swear it was the others." (S. 270)
Imperativ (engl. Imperative)	Befehlsform	„'Hurry up!' said Bernard irritably." (S. 91)
Interjektion (engl. Interjection)	Ausruf	„Oh, Ford!" (S. 52)
Pathetisches Sprechen (engl. Pathetic speech)	Feierliches, durch übersteigerte Emotionen gefärbtes Sprechen	„'Ladies and gentlemen,' the Director repeated once more, 'excuse me for thus interrupting your labours. A painful duty constrains me.'" (S. 184)
Permission (engl. Permission)	Anheimstellung. Ein Dialogpartner stellt dem anderen anheim, seine Entscheidung selber zu treffen.	„'I claim them all,' said the Savage at last. Mustapha Mond shrugged his shoulders. 'You're welcome,' he said." (S. 286)

STILMITTEL	DEFINITION	TEXTBELEG
Rhetorische Frage (engl. Rhetorical question)	Eine Form der Frage, die keine Antwort erwartet	„Hasn't it occured to you that an Epsilon embryo must have an Epsilon environment as well as an Epsilon heredity?“ (S. 35)
Slogan	Kurze Phrasen, die eine emotionale oder beschreibende Information übermitteln. (Wird in *BNW* häufig im Zusammenhang mit der Einnahme von Pharmazeutika eingesetzt.)	„... a gramme is better than a damn.“ (S. 79); „But every one belongs to every one else ...“ (S. 64)
Vergleich (engl. Comparison)	Anschauliche Verknüpfung zweier Bedeutungsbereiche	„And because they were polite, Bernard felt positively gigantic – gigantic and at the same time light with elation, lighter than air.“ (S. 193)
Wortschöpfungen (engl. Neologism)	Sprachliche Neubildung	„zippi-camiknicks“ (S. 177) oder „zippyjamas“ (S. 178)

„‘And that,’ put the Director sententiously, ‘that is the secret of happiness and virtue – liking what you’ve *got* to do. All conditioning aims at that: making people like their unescapable social destiny.’“ (S. 37) Das ist keine genuin humane Haltung, sondern **Ignoranz von Menschenrechten**. Wie Ameisen sind die Menschen nur Zweck des Staates.

Der Krieg als konstituierendes Element des Staates

Eliminierung von Individualisten und kritischen Menschen

Zur Entstehungsgeschichte des Weltstaates gehört der Neunjährige Krieg 141 A. F. bis 150 A. F (vgl. S. 72). Dieser Krieg wurde gnadenlos ausgefochten und führte zum wirtschaftlichen Zusammenbruch („The Nine Years’s War, the Great Economic Collapse.“ S. 73). Vor die Wahl gestellt zwischen völliger Zerstörung der Welt oder ihrer Kontrolle, entschieden sich die *Controller* (nomen est omen) für die Kontrolle. Auf offene Gewalt verzichtend, griffen sie erfolgreich zu den **Mitteln der Wissenschaft und Technik**, allerdings waren erst noch kritische, individualistische Menschen gezielt getötet worden, sei es weil sie die Natur schätzten („Eight hundred Simple Lifers were moved down by machine guns at Golders Green.“ S. 75) oder nicht auf Kultur verzichten wollten („Then came the famous British Museum Massacre. Two thousand culture fans gassed with dichlorethyl sulphide.“ S. 75). Alle diese Menschen mussten ihr Leben lassen, da sie als Vertreter prä-fordistischer Werte den Funktionären des neuen Staates im Weg waren.

Negierung von Literatur

Die *Controller* fürchten destabilisierende Wirkung der Literatur

Ein charakteristisches Merkmal des Weltstaates ist die Negierung von Literatur, so wird **Angst vor Büchern konditioniert** (vgl. S. 41–43). Mustapha Mond begründet diese Maßnahme so: „You can’t consume much if you sit still and read books.“ (S. 75) Das **Konsummotiv** ist jedoch nur vordergründig, der eigentliche Grund für die Verbannung von Literatur ist die **Angst vor ihrer destabilisierenden Wirkung**, denn die Literatur könnte die Menschen zum Nachdenken anregen und zum selbstbestimmten Handeln ermutigen. Typisch für die ablehnende Haltung gegenüber der Literatur ist die Äußerung des Leiters der Eliteschule Eton auf die Frage Johns, ob die Schüler Shakespeare lesen würden: „Our library … contains only books of reference. If our young people need distraction, they can get it at the feelies." (S. 200)

Unwissenheit und Fremdbestimmung

Da eines der konstituierenden Elemente des Weltstaates die **Unwissenheit und Fremdbestimmung seiner Bürger** ist, ist der wissende, aufgeklärte Mensch unerwünscht. Mustapha Mond gibt diesen Umstand John the Savage gegenüber auch unumwunden zu: „It would upset the whole social order if men started doing things on their own." (S. 282)

Kastenwesen

Kastenwesen als soziales Prinzip

Der Weltstaat ist antidemokratisch. Ausdruck davon ist u. a. das Kastenwesen. Es werden mit den Alphas, Betas, Gammas, Deltas und Epsilons fünf verschiedene Klassen bzw. Kasten von Menschen hergestellt, wobei die Alphas die Spitze der Hierarchie und die Epsilons die unterste Kaste bilden.

Die **Alphas** sind sehr intelligente und in der Regel attraktive Menschen, groß und hellhäutig. **Epsilons** hingegen sind klein und von dunkler Hautfarbe und anders als die Alphas, die anspruchsvolle und wichtige Positionen im politischen System besetzen, führen die Epsilons einfachste Arbeiten aus.

Die Angehörigen der verschiedenen Kasten unterscheiden sich nicht nur physisch voneinander, sondern auch in der **Farbe der Kleidung**, die festgelegt ist. Die Alphas tragen Grau, die Angehörigen der Beta-Kaste haben maulbeerfarbene[36] Kleidung zu tragen,

---

36 Ein rot-violetter Farbton.

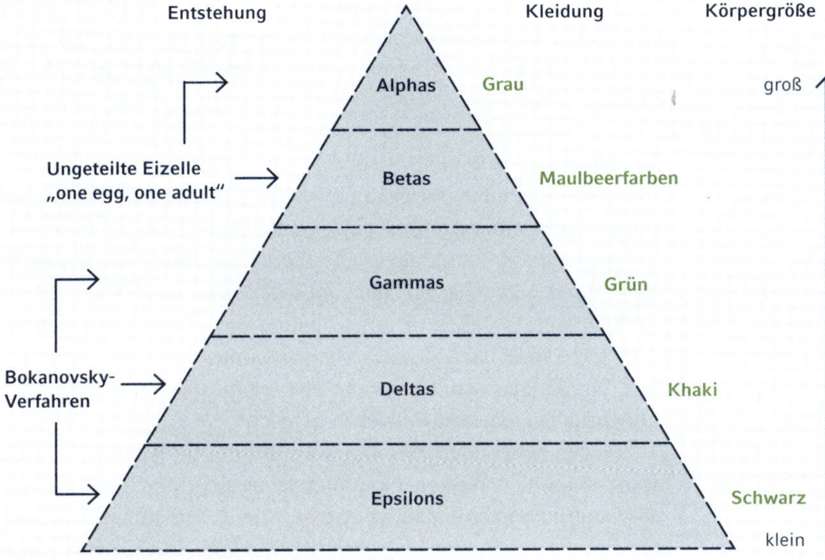

die Gammas tragen Grün, die Deltas Khaki und die Epsilons schwarze Kleidung.

Bokanovsky-Verfahren und Podsnap-Technik

Die Fabrikation der Angehörigen der ersten beiden Kasten unterscheidet sich von der der Gammas, Deltas und Epsilons. Alphas und Betas entstehen aus einer ungeteilten Eizelle, während bei den übrigen drei Kasten das **Bokanovsky-Verfahren und die Podsnap-Technik** angewendet werden, was zur Genese einer großen Anzahl identischer Geschöpfe führt. Deren geistige Entwicklung wird durch Sauerstoffentzug und anderen biochemischen Manipulationen bewusst verhindert, so dass sie nur für stupide Produktionsprozesse eingesetzt werden können, was ja auch beabsichtigt ist: „Ninety-six identical twins working ninety-six identical machines!" (S. 26)

Große Anzahl identischer Geschöpfe

Ausgerechnet die **Angehörigen der niederen Kasten garantieren die Stabilität des Staates**, so erklärt der D. H. C. den Studenten: „Bokanovsky's Process is one of the major instruments of social stability." (S. 26)

Brave New World als Satire

Definition Satire

Eine Satire ist eine „Kunstgattung (Literatur, Karikatur, Film), die durch Übertreibung, Ironie und [beißenden] Spott an Personen, Ereignissen Kritik übt, sie der Lächerlichkeit preisgibt, Zustände anprangert, mit scharfem Witz geißelt"[37]. Die Satire überzeichnet im Allgemeinen das Dargestellte, indem sie es inhaltlich übertreibt oder auch sprachlich zuspitzt, sie geht immer auch mit Komik einher. Das als Missstand Erkannte und die für diese Umstände Verantwortlichen werden lächerlich gemacht.

Kritik am Wissenschaftsbetrieb

Zu den satirischen Elementen in *Brave New World* gehört die Darstellung des **Wissenschaftsbetriebes** bzw. der Gepflogenheiten innerhalb **akademischer Kreise**, wie sie im ersten und zweiten Kapitel des Romans beschrieben werden. Nervöse und eingeschüchterte Studenten folgen dem D. H. C. bei einem Rundgang durch das *Central London Hatchery and Conditioning Centre*. Die Studenten tun das, was in dieser Situation von ihnen erwartet wird: „Each of them carried a note-book, in which, whenever the great man spoke, he desperately scribbled." (S. 22) Oder: „'I shall begin at the beginning,' said the D. H. C., and the more zealous students recorded his intention in their note-books: *Begin at the beginning.*" (S. 23) Mit dieser Sequenz spießt Huxley die **Unterwürfigkeit und Dümmlichkeit** auf, mit der der Wissenschaftsbetrieb einhergehen kann. In diesen Kontext gehört auch folgendes Zitat: „'Let's walk

---

37 http://www.duden.de/rechtschreibung/Satire

round. You tell them everything, Mr. Foster.' Mr. Foster duly told them." (S. 32)

Gesellschaft: Aufgabe demokratischer Werte

Auch die Darstellung der gesellschaftlichen Verhältnisse erfolgt mit Hilfe **satirischer Elemente**. Das Motto des Weltstaates „Community, Identity, Stability" (S. 21) spiegelt das Motto der Französischen Revolution von 1789, „liberté, égalité, fraternité" (dt. Freiheit, Gleichheit, Brüderlichkeit). Huxley spielt damit auf die Ideale der europäischen Demokratie an. Diese Ideale lösen eine Erwartungshaltung beim Leser aus, der jedoch nach und nach erkennen muss, dass im Weltstaat demokratische Werte aufgegeben worden sind zugunsten von **Gleichschaltung und Kontrolle**.

Religion: Ford als Gottes-Figur

Der Satire geschuldet ist auch die **Überhöhung der Technik** und der Verweis auf Ford, der einen gottgleichen Status besitzt, während die Religion an Wert verloren hat und ihr Repräsentant, der „Arch-Community-Songster of Canterbury" ein Hedonist ist und den Austausch des Kreuzes gegen das „T" als Glaubenssymbol akzeptiert. Aus der einst ehrwürdigen Westminster Abbey ist das „Westminster Abbey Cabaret" (S. 101) geworden.

Kunst und Kultur: Bombastik statt Anspruch

Mit ebenfalls spitzer Feder beschreibt Huxley das **Fehlen von Kunst und Kultur** im Weltstaat. Filmkunst wurde aufgegeben zugunsten von „Feelies". Diese Filme setzen allein auf sensorische Reize und sind ohne intellektuellen Anspruch. Ähnlich ist es auch mit der Musik, in der **Kunstfertigkeit durch Bombastik ersetzt** wird. Eklatant ist das Fehlen der Literatur. Mit der Literatur verschwand außer intellektueller Stimulanz auch die Fähigkeit, ein Kunstwerk als ein solches zu erkennen und das Verständnis dafür, dass ein Kunstwerk frei ist von aller Zweckhaftigkeit.

Spiel mit Namen

Ein weiteres satirisches Element des Romans ist das Spiel mit den Namen der Figuren. Sie tragen Namen von **Politikern, Revolutionären, Kapitalisten und Wissenschaftlern**, die in ihrer Kombination oft komisch sind, so z. B. Benito Hoover[38], Jean-Jaques Habibullah[39] oder Fifi Bradlaugh[40]. Da die tatsächlichen Träger dieser Namen gelebt haben oder zur Zeit der Niederschrift des Romans lebten (wie z. B. der Wissenschaftler John B. Watson), sorgen diese Namen aber auch für eine Verhaftung der im Roman geschilderten Ereignisse in der Realität, was *Brave New World* eine warnende Einfärbung verleiht. Kritisiert wird nicht nur der Weltstaat, sondern auch **Huxleys Gesellschaft der damaligen Zeit**.

Zeitgenössische Gesellschaftskritik

Utopie und Dystopie in *Brave New World*

Entwicklung der Dystopie aus der Utopie

Die **Utopie**[41] beschreibt eine bessere Gesellschaft oder einen idealen Staat als Gegenentwurf zur bestehenden Realität. Mutter aller utopischen Romane ist Thomas Morus' *Utopia* (1516)[42], mit der die **literarische Gattung der Utopie** begründet wurde. Eine der ersten am Fortschrittsdenken ausgerichteten technisch-naturwissenschaftlichen Utopien ist *Nova Atlantis* (erschienen 1627) von Francis Bacon.

Bekannte Dystopien

Nach der verstörenden und desillusionierenden Erfahrung des Ersten Weltkriegs wurden Utopien eher zurückhaltend produziert und rezipiert. Es etablierte sich die Gattung der **Anti-Utopie bzw. der Dystopie**, die fern jeder Fortschrittsgläubigkeit und unbedingtem Optimismus fatale Entwicklungen thematisiert. Zu den wichtigsten Autoren gehören:

---

38 Zusammengesetzt aus den Namen Benito Mussolini (1883–1945; italienischer Diktator) und Herbert Clark Hoover (1874–1964; 31. Präsident der USA).

39 Namen angelehnt an: Jean-Jaques Rousseau (1712–1778; frz. Schriftsteller und Philosoph) und Amir Habibullah Ghazi (1872–1919; Emir von Afghanistan).

40 Zusammengesetzt aus: Charles Bradlaugh (1833–1891; brit. Journalist und Politiker) und Mademoiselle Fifi (1882; Novelle von Guy de Maupassant).

41 Urbild der Utopie ist Platons Beschreibung seines Idealstaats in der *Politeia*.

42 Im Roman wird von einem Seefahrer eine Welt, basierend auf Demokratie und Gleichheitsgrundsätzen beschrieben.

- Jewgenji Samjatin mit seiner Dystopie *We* (1920)
- Arthur Koestler mit seiner Anti-Utopie *Darkness at noon* (1940; *dt. Sonnenfinsternis*)
- George Orwell mit *1984* (1949) und
- Aldous Huxley mit *Brave New World* (1932).

Ein **aktuelles Beispiel** für diese literarische Gattung ist *The Hunger Games* (dt. *Die Tribute von Panem*) der Amerikanerin Suzanne Collins (erschienen 2008).

The Hunger Games

Als **Eigenschaften der Dystopie** gelten:

Charakteristika Dystopien

- Das Geschehen ereignet sich in **totalitären Systemen** bzw. in Systemen mit ausgeprägter sozialer Kontrolle.
- **Ereignisse wie Kriege, Revolutionen, Überpopulation oder Naturkatastrophen** initiierten die Entstehung einer dystopischen Gesellschaft.
- In einer Dystopie gibt es einen **Protagonisten**, der die Gesellschaft hinterfragt.
- Die **Technik ist fortgeschrittener und komplexer** als in der realen Welt. Sie wird von wenigen Menschen kontrolliert, die zur Elite des Staates gehören.
- Es gibt eine **Gruppe von Menschen**, die sich der totalen Kontrolle des Staates entziehen kann.
- Eine individuelle **Auflehnung** gegen das totalitäre Regime **kann tragisch enden**.

„Die Satire wie auch die Dystopie gehen von der Wirklichkeit aus, die die Grundlage der Verzerrung bildet. Doch die Dystopie bietet im Gegensatz zur Satire keine Alternative zur dargestellten Welt.“[43]

---

43 Norbert Novak http://dystopie.beepworld.de/ueberdiedystopie.htm

Brave New World ist bei allem satirischen Witz und aller Komik daher auch als Dystopie zu lesen.

Der in *Brave New World* geschilderte **Staat ist totalitär**, er konditioniert die in ihm lebenden Menschen nach einem von einer **Elite** festgelegten Standard, dessen Einhaltung überwacht wird.

Totalitärer Staat – Technik als Kontrollmittel

Ein **Krieg**, der „Nine Year‘s War“ (S. 72) leistete Geburtshilfe für diesen Staat. Der Krieg führte zu der Einsicht, dass am Ende die Vernichtung stehen würde, fänden sich die einzelnen Länder nicht zu einem Weltstaat zusammen. Die Indianer im Reservat leben isoliert und zur Abschreckung in Neu-Mexiko (entziehen sich somit der Kontrolle des Staates).

Andersdenkende werden eliminiert oder versetzt

Ein letzter Akt der Gewalt galt den selbständig Denkenden und Individualisten (vgl. S. 75 „Simple Lifers“ und „culture fans“), ehe die Regierung des Weltstaates zu wissenschaftlich erprobten Verfahren griff und die Menschen manipulierte. Wissenschaftliche Erkenntnisse richten sich im Weltstaat generell **gegen die Individualität der Menschen**. So wird die Droge Soma zur Ruhigstellung der Menschen produziert und der Mensch konditioniert und prädestiniert. Wie menschenverachtend dieses System ist, beschreibt Huxley anrührend anhand des Schicksals eines Epsilon-Minus Fahrstuhlführers, dem aufgrund seiner pränatalen Spezialisierung grundsätzlich eine andere Welt verschlossen bleibt:

> „He flung open the gates. The warm glory of afternoon sunlight made him start and blink his eyes. ‘Oh, roof!’ he repeated in a voice of rapture. He was as though suddenly and joyfully awakened from a dark annihilating stupor, ‘Roof!’ He smiled up with a kind of doggily expectant adoration into the faces of his passengers. Talking and laughing together, they stepped out into the light. The liftman looked after them. … Then a bell rang, and … a

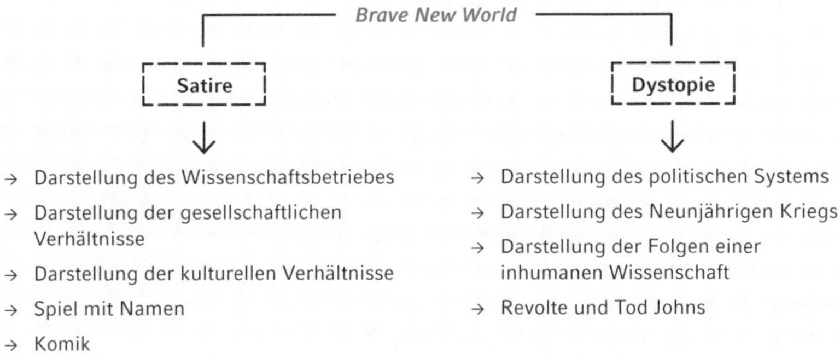

> loudspeaker began … to issue its commands. ‘Go down,’ it said, ‘go down … The liftman … dropped back into … the twilight of his own habitual stupor.“ (S. 83/84)

Johns Revolte und Frei-Tod

Zu Beginn ist es Benard Marx – zusammen mit Helmholtz Holmes-Watson, der seine Sprache anders einsetzen möchte –, der diese Welt in Frage stellt. Marx sehnt sich im Weltstaat nach **Individualität, Einsamkeit, Intimsphäre**. Als John in die Geschichte eintritt, übernimmt dieser radikal Bernard Marx’ Position und baut sie aus. Anhand seiner Shakespeare-Ideale (vgl. Shakespeare-Texte S. 79 ff. dieses Bandes) hinterfragt er diesen Staat und seinen Umgang mit den Menschen. Auch Johns Revolte gegen das System und sein Frei-Tod sind daher dystopische Elemente.

Science-Fiction-Literatur

Anders als die Literatur der **Science Fiction** ist der dystopische Roman in einem real möglichen Platz der Zukunft (bei *Brave New World*: London) angesiedelt, was die **gesellschaftskritische Komponente** gegenüber der reinen Science-Fiction-Literatur noch verstärkt.

4. REZEPTIONSGESCHICHTE

ZUSAMMEN-FASSUNG

Das Publikum nahm den Roman – ebenso wie die Literaturwissenschaft – ambivalent auf. Renommierte Schriftsteller wie George Orwell und Ray Bradbury fühlten sich von *Brave New World* inspiriert und verfassten ebenfalls dystopische Romane. Aufgrund der anhaltend hohen Auflagen und Verkaufszahlen wurde *Brave New World* zweimal für das Fernsehen bearbeitet. 1956 wurde eine Hörspielfassung mit Aldous Huxley als Erzähler produziert. In der Literaturwissenschaft wurden immer wieder gesellschaftspolitische, soziale, humanistische und gattungsspezifische Aspekte diskutiert.

Brave New World – ein wirtschaftlicher Erfolg

Ambivalente Leser-Reaktionen

Brave New World wurde nach seinem Erscheinen sowohl positiv als auch negativ rezipiert. Das wohlwollende Publikum erfreute sich der **Phantasie und Ironie**, während weniger wohlmeinende Kritiker dem Autor **Beliebigkeit und eine konstruierte Charakterzeichnung** vorwarfen.

Die professionelle Literaturkritik reagierte ähnlich gespalten. Während der renommierte Anglist und Literaturkritiker **Granville Hicks** *Brave New World* als „… a somewhat amusing book“[44] (1932) bewertete, rezensierte der Schriftsteller und Literaturkritiker **Gerald Bullett** das Buch als enttäuschend: „Mr. Aldous Huxley's new novel is definitely a disappointment – the least of the many good things he has given us. As prophecy it is merely fantastic; as a satire it overshoots the mark (…); as a story it lacks interest.“[45]

44 Zitiert nach: Watt, *Aldous Huxley. The Critical Heritage*, S. 219.
45 Ebd., S. 213.

Deutsche Übersetzung 1932 von Herlitschka

Gleichwohl verkaufte sich der Roman sehr gut und wurde in zahlreiche andere Sprachen übersetzt. Die erste, von Huxley autorisierte **deutsche Übersetzung** erschien 1932 unter dem Titel *Welt – wohin?* Der Übersetzer Herberth E. Herlitschka verlegte das Geschehen von London nach Berlin und Norddeutschland, außerdem versah er die handelnden Personen mit neuen Namen: Herlitschka setzte die Namen deutscher Kapitalisten ein wie beispielsweise „Mannesmann" anstelle von „Mond". Die zweite Übersetzung erschien 1950 unter dem Titel *Wackere neue Welt*, spätere Auflagen trugen den Titel *Schöne neue Welt.* In der 1978 erschienenen Übersetzung von Eva Walch erscheinen wieder die originalen Schauplätze und Namen.

George Orwell und Ray Bradbury

Inspiriert durch Huxley, beunruhigt durch gesellschaftliche Entwicklungen und interessiert an der Gattung des dystopischen Romans verfassten **George Orwell mit *1984*** (erschienen 1949 in England) und **Ray Bradbury mit *Fahrenheit 451*** (erschienen 1953) Dystopien, die ebenfalls einen Platz in der Literaturgeschichte haben.[46]

Verfilmungen, Hörspiel, Bühne und Musical

Angesichts des anhaltenden regen Interesses an *Brave New World* erfolgten zwei **Bearbeitungen für das Fernsehen**. 1980 adaptierte Doran William Cannon den Stoff für die BBC mit Kristoffer Tabori in der Rolle des John und Ron O'Neal als Mustapha Mond. 1998 folgte eine zweite TV-Verfilmung (deutscher Titel: *Geklonte Zukunft*) unter der Regie von Leslie Libman und Larry Williams. John wurde von Tim Guinee dargestellt, Mustapha Mond von Leonard Nimoy. Derzeit arbeitet der amerikanische Regisseur Ridley Scott (*Blade Runner*) an einer Verfilmung für das **Kino**. 1956 wurde *Brave New World* von der CBS als Hörspiel mit Huxley als Erzähler produziert.

46 In Verbindung mit utopischen bzw. dystopischen Romanen wird häufig der Roman *Lord of the Flies* (dt. *Herr der Fliegen*) von William Golding genannt, erschienen 1954. Bei diesem Roman handelt es sich aber um eine Robinsonade.

Brave New World erfuhr auch eine Adaption für die **Bühne** (u. a. Regie von Paul Stebbings) und als **Musical** (Uraufführung 2006 unter der Regie von Matthias Davids, Musik von Achim Gieseler).

Brave New World in der Literaturwissenschaft

Politische, soziale und gattungsspezifische Aspekte

Im Zentrum literaturwissenschaftlicher Untersuchungen stehen politische und soziale Aspekte, aber auch gattungsspezifische Fragestellungen. **Edward Lobb** von der Queen's University in Kingston/ Kanada untersuchte in seinem 1984 publizierten Aufsatz *The Subversion of Drama in Huxley's Brave New World* den Roman hinsichtlich seiner dramatischen Anteile. Er stellte fest: „Moreover, as a work in the tradition of utopian and dystopian literature, Huxley's fable walks a line between the overt discussion of ideas, which is normal in the utopian tradition, and the novel's tendency towards more dramatized conflict."[47] Im Verlauf seiner Untersuchung kommt Lobb zu folgendem Schluss:

Edward Lobb

> „Much of the latter part of *Brave New World* involves ... tragedy and comedy. It is easy to see why. Comedy and tragedy are both social in focus: one deals with the reconciliation of individual desire and social good, the other with their sundering and conflict, and both take for granted the freedom to make choices. It is fitting, therefore, that a novel about freedom and society should show us the fate of tragedy and comedy in a world which denies individual freedom."[48]

Jerome Meckier

Der Essay *Satire and Structure* von **Jerome Meckier** behandelt ebenfalls gattungsspezifische Fragen, wobei auch auf das künstlerische

---

47 Lobb, *The Subversion of Drama in Huxley's Brave New World*, S. 94.
48 Ebd., S. 96.

Selbstverständnis Huxleys eingegangen wird: „Huxley agreed with Wyndham Lewis ... that the artist, as ally of the intellectual, must form and guide society; and that where he does not, intellectuals begin to pursue their specialities in ever-increasing isolation.“[49] Meckier formuliert die Verbindung zwischen diesem Selbstverständnis und dem künstlerischen Ausdruck, der in satirischer Form den Mangel und den Irrtum einer Gesellschaft offenbart: „... Huxley forsees a brave new world in which one finds regimentation but no solidarity, in which characters participate in pointless solidarity exercises ...“[50]

Richard H. Beckham: Funktion als Satire

Richard H. Beckham nimmt mit seiner Arbeit *Huxley's Brave New World as Social Irritant: Ban It or Buy It?* Stellung zu irritierenden Themen des Romans wie Promiskuität, Verneinung Religion oder Respektlosigkeit gegenüber sterbenden Menschen. Beckham verweist auf die **Funktion als Satire und die Wirkung von Literatur**:

> „One of the objectors to this novel comments on its pessimism and tragedy as reasons why it should not be taught. Such an objection overlooks the tone of the book. As satire, the book's purpose is to examine the failings of human behavior in order to encourage reform. Such examinations are painful when we recognize our faults through them. But pain and growth and regeneration are part of the human condition and prove that Huxley's prophecy has not yet come true. And certainly if we try to prevent people – especially young people – from being exposed to the tragic, we would have to eliminate much world literature which has been universally proclaimed great.“[51]

---

49 Meckier, *Aldous Huxley. Modern Satirical Novelist of Ideas*, S. 18.
50 Ebd., S. 19.
51 Beckham, *Huxley's Brave New World as Social Irritant: Ban It or Buy It?* S. 141.

Meckier: Wissenschaftskritik

Der wissenschaftsgeschichtliche Aspekt liegt einem weiteren Essay **Jerome Meckiers** zugrunde. In seinem Aufsatz *Our Ford, our Freud and the Behaviorist conspiracy in 'Huxley's Brave New World'* weist Meckier auf die Abneigung Huxleys gegen die Freud'sche Psychologie und den Behaviorismus John B. Watsons hin und verweist auf die Weitsicht Huxleys, der eine **inhumane Wissenschaft als Fundament eines totalitären Staates** erkannte:

> „He shows what the world will become if society ... is reorganized along Fordian lines. Similarly, he demonstrates that the discoveries Freud made about childhood have been developed by the behaviorists to reduce life in the brave new world to a global nursery, a society of carefully controlled instances of scientifically arrested development. ... Huxley foresaw abuses that might develop and posited a totalitarian state as the result."[52]

Ernst Bloch und die marxistische Literaturwissenschaft

Die **marxistische Literaturwissenschaft** reagierte pikiert auf *Brave New World*. Es wurde ein verfehlter Individualismus bemängelt und unterstellt, dass der Kapitalist Henry Ford der eigentliche Protagonist des Buches sei. Der marxistische Philosoph **Ernst Bloch** kritisierte, dass kein Unterschied erkennbar sei zwischen Kapitalismus und sozialistischen Produktionsprozessen und tadelte das deprimierende Ende des Romans. Grund für die ablehnende Haltung der marxistischen Literaturtheoretiker dürfte die **Unausweichlichkeit des totalitären Staats** bei Huxley nach Abkehr von der Individualität sein.

Die **marxistische Literaturtheorie** beruht auf der marxistischen Ideologie. Für marxistisch arbeitende Literaturwissenschaftler ist das von Bedeutung, was dem Sozialismus dient. Literatur hat al-

---

52 Meckier, *Aldous Huxley. Modern Satirical Novelist of Ideas*, S. 136.

so einen festgelegten gesellschaftspolitischen Zweck zu erfüllen. Formale Qualitäten wie erzählerisches Können treten bei dieser Betrachtung zurück. Als wichtigster Vertreter der marxistischen Literaturtheorie gilt Georg Lukács.

Brave New World im 21. Jahrhundert

Literatur zur Unterstützung der Bewusstseinsbildung

Angesichts der aktuellen Entwicklungen in Pharmazie (Psychopharmaka) und Biologie (Klonen, in-vitro-Fertilisation, Genmanipulation, Pränataldiagnostik) ist *Brave New World* nach wie vor aktuell und durchaus brisant. Der renommierte, an der University of Chicago lehrende Bioethiker **Leon R. Kass** setzt sich in seinem Aufsatz (2000) mit *Brave New World* auseinander. Er greift dabei die von Huxley dargestellten Themen auf und macht einen Abgleich mit den heutigen gesellschaftlichen Verhältnissen. Dabei verweist er auf die **Aktualität des Romans**: „Huxley's novel is, of course, science fiction. But yesterday's science fiction is rapidly becoming today's fact."[53] In seiner Auseinandersetzung mit der Thematik kommt Kass schließlich zu dem Schluss, dass die Ablehnung der in *Brave New World* geschilderten sozialen Verhältnisse durch die Rezipienten des Romans durchaus ermutigend ist und verweist auf die **Literatur als wichtiges Mittel zur Bewusstseinsbildung** der Menschen:

> „In our age of cultural unraveling and dissolving moral agreement, it is heartening that readers are still revolted by Huxley's picture of the life to which, absent some moral and religious reawakening, our cherished prejudices will take us. While philosophical essays and moral exhortation are today largely impotent,

---

53 Kass, *First Things. Aldous Huxley, Brave New World.*www.leaderu.com/ftissues/ft0003/articles/huxley.html

good literature can – at least for now – capture our impoverished imaginations and thus keep the human flame aflicker."[54]

Brave New World – ein moderner Klassiker

Die Vielfalt in der Gesamtheit der wissenschaftlichen Arbeiten und die nach wie vor andauernde Auseinandersetzung mit dem Roman weist auf die Vielschichtigkeit von *Brave New World* und die ungebrochene Aktualität hin. Dies macht den Roman zu einem **modernen Klassiker**.

---

54 Ebd.

5. MATERIALIEN

Moralische Vorstellungen in den 1920er-Jahren

Auflösen der rigiden Sexualmoral

In den 1920er-Jahren wich die prüde viktorianische Sexualmoral, nach der Sex nur der Fortpflanzung dienen sollte, einer libertären Einstellung. Sex außerhalb der Ehe wurde diskutiert und in Literatur umgesetzt, so z. B. von **D. H. Lawrence**[55], der in *Lady Chatterley's Lover* eine erotisch geprägte, außereheliche Beziehung einer Frau aus besseren Kreisen mit einem Wildhüter thematisiert.[56] Mit Homosexualität wird kokettiert, einige Künstler und Intellektuelle leben sie, z. B. Mitglieder der **Bloomsbury Group** (vgl. S. 16 dieses Bandes) um Virginia Woolf. Während seines Aufenthaltes in Garsington 1916 konnte sich Huxley selbst ein Bild machen von der neuen Moral, ging es dort doch „drunter und drüber". Virginia Woolf als gelegentliche Besucherin Garsingtons beschrieb die Verhältnisse wie folgt:

„Sie haben sich in einen solchen Sog von Intrige & allgemeinen Beziehungsverwicklungen manövriert, dass sie kaum noch normal miteinander umgehen können."[57]

Eugenik

Angst vor Degeneration

Ebenfalls in den 1920er-Jahren entstand die Eugenik-Bewegung. Sie resultierte aus der wissenschaftlichen Eugenik, die sich der Verbesserung menschlicher Gene verschrieben hatte als Maßnahme

---

55 Enge Freundschaft von D. H. Lawrence und Aldous Huxley.

56 In Brave-New-World-Jargon übersetzt: Eine Alpha oder Beta geht also mit einem Gamma oder Delta ins Bett.

57 Zitiert nach: Lee, *Virginia Woolf. Ein Leben*, S. 460.

gegen eine befürchtete Degeneration. Zu Beginn des 20. Jahrhunderts beeinflusste die Eugenik viele sozialpolitische Ansätze.

Huxley verweist auf die Eugenik, indem er Henry Foster vor den Studenten sagen lässt: „The embryos still have gills. We immunize the fish against the future's man's diseases." (S. 38) Zu den Eugenikern zählte auch **Huxleys Bruder Julian Sorrell Huxley**, einer der prominentesten Biologen seiner Zeit. Julian S. Huxley lehnte Zwangssterilisationen ab und favorisierte stattdessen die reproduktionsbiologische Forschung, damit Zeugung und Vererbung kontrolliert werden können.

Psychologie und Lerntheorie (1900–1930)

Der Pawlowsche Hund und Thorndikes Reflexbogen

Huxley greift in seinem 1932 erschienenen Roman auf die neuere Wissenschaftsgeschichte zurück. 1905 konnte der russische Physiologe **Iwan Petrowitsch Pawlow** durch seine Konditionierungsversuche an Hunden („der Pawlowsche Hund") die Existenz bedingter, d. h. nicht angeborener Reflexe nachweisen (klassisches Konditionieren). Der amerikanische Psychologe **Edward Lee Thorndike** untersuchte die Intelligenz von Tieren, wobei er die Lernprozesse mit dem grundlegenden Schema des Reflexbogens beschrieb (1913): Auf einen Organismus wirkt ein Reiz bzw. Stimulus (S) ein, der bei dem Organismus eine Reaktion (R) auslöst.

Auf dieser Grundlage gründete der amerikanische Psychologe **John Broadus Watson** den Behaviorismus. Als Ausdruck seiner wissenschaftlichen Position publizierte er 1913 seinen programmatischen Aufsatz *Psychology as the behaviorist views it* verbunden mit einer klaren Aussage über die Intention:

„Psychologie, wie sie der Behaviorist sieht, ist ein vollkommen objektiver, experimenteller Zweig der Naturwissenschaft. Ihr theoretisches Ziel ist die Vorhersage und Kontrolle von Verhalten."[58]

Die Ausrichtung seiner psychologischen Arbeit formulierte Watson wie folgt:

„Gebt mir ein Dutzend gesunde, gut gebaute Kinder und meine eigene spezifizierte Welt, um sie darin großzuziehen, und ich garantiere, daß ich irgendeines aufs Geratewohl herausnehme und es so erziehe, daß es irgendein beliebiger Spezialist wird, zu dem ich es erwählen könnte – Arzt, Jurist, Künstler, Kaufmann, ja sogar Bettler und Dieb, ungeachtet seiner Talente, Neigungen, Absichten, Fähigkeiten und Herkunft seiner Vorfahren."[59]

Konditionierung von „little Albert"

Watson wollte zeigen, dass auch die emotionalen Reaktionen eines Menschen Ergebnisse eines Lernvorgangs – also einer Konditionierung – sind. 1920 führte er zusammen mit seiner Assistentin Rosalie Rayner ein umstrittenes Konditionierungsexperiment mit einem wenige Monate alten Baby („little Albert") durch, dem er Angst vor Ratten anerzog. Das von Huxley dargestellte Verfahren der **Angsterzeugung** vor Büchern und Blumen bei wenige Monate alten Säuglingen steht in der Tradition des Watson'schen Behaviorismus. Mit dem Namen der Figur Helmholtz Holmes-Watson spielt Huxley auf John B. Watson an.

Eine von Huxley erwähnte Lernmethode, die **Hypnopädie**, deren Wirksamkeit mittels EEG nachgewiesen werden konnte, war in den 1920er- und 1930er-Jahren populär. Huxley verweist auf

---

58 Watson, *Psychology as the behaviorist views it*, S. 13.
59 Zimbardo, *Psychologie*, S. 242.

sie mit der Episode des kleinen, nur polnisch sprechenden Reuben Rabinovitch, der kurz vor dem Einschlafen einen in englischer Sprache gehaltenen Vortrag George Bernard Shaws hörte und ihn am nächsten Tag wiedergab (vgl. S. 45/46).

Familie als Ursache psychischer Erkrankungen

Die Lehre des **Psychologen Sigmund Freud** greift Huxley ebenfalls auf. Neben anderen Thesen stellte Freud die Behauptung auf, dass viele psychologische Probleme auf die Kindheit zurückzuführen seien. Huxley verweist auf diesen Ansatz, als er den Erzähler über die prä-fordistische Familie dozieren lässt:

„Our Freud had been the first to reveal the appalling dangers of family life. The world was full of fathers – was therefore full of misery; full of mothers – therefore of every kind of perversion from sadism to chastity; full of brothers, sisters, uncles, aunts – full of madness and suicide." (S. 63)

Positive Utopien von H. G. Wells

Die hier beschriebenen psychologischen Schulen glorifiziert Huxley nicht als Ausdruck von Fortschritt, sondern setzt sie in einen Zusammenhang mit **Machterwerb und Machterhalt**. Mit dieser kritischen Sicht setzt Huxley sich ab von den positiven Utopien eines Herbert George Wells, der mit seinen Romanen *A Modern Utopia* (1905) und *Men Like Gods* (1923) positive Utopien verfasst hatte, in denen weise Staatsmänner eine hierarchisch organisierte Gesellschaft mittels wissenschaftlicher Erkenntnisse zum Besten lenken.

Äußerungen von Aldous L. Huxley

In einem Interview äußerte sich Huxley (1960) auf die Frage, wie es mit *Brave New World* anfing, wie folgt:

„Well, that [*Brave New World*] started out as a parody of H. G. Wells 'Men Like Gods', but gradually it got out of hand and turned into something quite different from what I'd originally intended. As I became more and more interested in the subject, I wandered farther and farther from my original purpose."[60]

Aus einer Parodie wird Ambition

Huxley lag nicht daran, eine Wissenschaftskritik zu schreiben, da die Wissenschaften nicht der eigentliche Grund einer gesellschaftlichen Fehlentwicklung seien. Seiner Meinung nach müssten sie nur systematisch und koordiniert eingesetzt werden. Vor allem müsse ihnen ein humanistisches Ziel vorgegeben sein:

„Science in itself is morally neutral; it comes good or evil according as it is applied. Ideally, science should be applied by humanists. In this case it would be good. In actual fact it is more likely to be applied by economists, and so to turn out, if not wholly bad, at any rate a very mixed blessing. It rests with us and our descendants to decide whether we shall use the unprecedented power which science gives us for good or for bad purposes."[61]

Wissenschaft muss humanistischen Zielen dienen

Im nachfolgenden Statement **kritisiert Huxley (1932) die Ökonomie**, die sich für humanistische Ideale nicht interessiere. *Brave New World* ist die literarische Fassung dieser Sichtweise.

„What is the economist's ideal society? Briefly, it is one where there is the maximum of stability and uniformity. The economist wants stability because, once you set machinery going, it is hopelessly uneconomic to let it stop or run irregularly. Also industrialists and

Ökonomie und Humanität schließen einander aus

---

60 Plimpton (Hrsg.): *Writers at Work. The 'Paris Review Interviews'*, S. 198. http://www.theparisreview.org/interviews/4698/the-art-of-fiction-no-24-aldous-huxley

61 Adams (Hrsg.): *Science in the Changing World*, S. 222/223.

financiers must be able to look forward with confidence; in a stable world the machine is able to go on running steadily. Again, the economist wants uniformity, because the most profitable form of mechanical production is mass production. ... The aim of the economist will be to make the world safe for political economy — to train up a race, not of perfect human beings, but of perfect mass-producers and mass-consumers. One of the things economist-rulers would be almost bound to do is to oppress science itself. Once stability has been attained, further scientific research could not be allowed. For nothing is more subversive than knowledge."[62]

Berühmte Deutungen von *Brave New World*

Hermann Hesse: Humanität und Mechanisierung

Hermann Hesse verfasste eine frühe Rezension des Romans. In dieser formulierte Hesse als Kernpunkt von *Brave New World* den **Konflikt von Humanität in einer mechanisierten Welt**:

„Huxleys utopischer Roman hat alle die angenehmen Eigenschaften seiner früheren Bücher, die guten Einfälle, die artige Laune, die ironische Klugheit, seine Wirkung wird nur abgeschwächt durch das Utopische selbst, durch die Unwirklichkeit seiner Menschen und Situationen. Dargestellt wird mit Scharfsinn und Ironie eine vollkommen mechanisierte Welt, in welcher auch die Menschen längst nicht mehr Menschen, sondern den von ihnen erwarteten Funktionen gemäß ‚genormte Maschinchen' sind. Nur zwei von ihnen, ein Überwertiger und ein Unterwertiger, sie haben noch Reste von Menschentum, von Seele, von Persönlichkeit, von Traum und Leidenschaft."[63]

62 Ebd., S. 212/213.
63 Zitiert nach Poppe, S. 77. Als Übersetzung von Prof. G. Wallis Field hat die Rezension auch Eingang gefunden in C. Watt: *Aldous Huxley. The Critical Heritage*.

Der Soziologe und Philosoph **Theodor W. Adorno** interpretierte *Brave New World* als Reaktion eines Intellektuellen auf die **Konsumgesellschaft des amerikanischen Kapitalismus**, in der die Menschen ihre Individualität verlören und selbst zu Waren würden:

Theodor W. Adorno: Attacke gegen die Konsumgesellschaft

„Der Nachdruck liegt dabei weniger auf gegenständlich-technischen und institutionellen Elementen als auf dem, was aus den Menschen werde, die Not nicht mehr kennen. Die ökonomisch-politische Sphäre als solche tritt dem Gewicht nach zurück. Ausgemacht nur, daß es sich um ein durchrationalisiertes Klassensystem planetarischen Maßstabs, um lückenlos geplanten Staatskapitalismus handelt; daß der totalen Kollektivierung totale Herrschaft entspricht; daß Geldwirtschaft und Profitmotiv fortdauern."[64]

64 Ardorno, *Aldous Huxley und die Utopie*, S. 154.

6. PRÜFUNGSAUFGABEN MIT MUSTERLÖSUNGEN

Unter www.königserläuterungen.de/download finden Sie im Internet zwei weitere Aufgaben mit Musterlösungen.

Die Zahl der Sternchen bezeichnet das Anforderungsniveau der jeweiligen Aufgabe.

Task 1 *

Analyse the way in which the characters of Mustapha Mond and John the Savage relate to each other. Support your answer with relevant quotes from the text.

Model answer:

Mond and John the Savage are antagonists

Mustapha Mond and John the Savage are portrayed as opposites, as clearly indicated by their different origins, their different status in the world and their differing world views, which will be discussed in more detail below.

While Mustapha Mond was born in the so-called civilized part of the new world and has been socialised or normed, John originates from the Reservation, a region of the new World State which has been left to its own devices. The Reservation is a relic of the old world, untouched by the all pervasive control of totalitarianism which characterises the new world. John therefore has grown up with only a minimum of conditioning (raised in keeping with Indian customs on the one hand, and by Linda's half-hearted attempts at upbringing on the other). He has thus been given the opportunity to discover his own emotions, to develop them and to live them out.

Tolerated rather than respected in the Reservation, John becomes a celebrity in the New World, as described in chapter 11 "... all upper-caste London was wild to see this delicious creature ..." (p. 188). Mustapha Mond, "The Resident Controller for Western Europe" (p. 57), on the other hand, is a figure of authority, as demonstrated by the reaction of the Director of the London *Hatchery and Conditioning Centre* and his students, who almost bow down in reverence when they see him in the garden. ("he eyes of the saluting students almost popped out of their heads." p. 57). The difference in status between Mustapha Mond and John is made most apparent by the fact that Mond regards John as an object of scientific interest, considering him to be a suitable candidate for the psychological study initiated by Bernard Marx: "'I ventured to think,' stammered Bernard, 'that your fordship might find the matter of sufficient scientific interest ...' 'Yes, I do find it of sufficient scientific interest,' said the deep voice. 'Bring these two individuals back to London with you.'" (p. 175/176)

Different backgrounds and status

Experimentee and experimenter are finally brought together in the new world. In the dispute which develops between them (see chapters 16 and 17) their different world views become clear. John believes in the value of religion and beauty. He considers beauty to have been achieved in the form of literature. Although his knowledge of literature is very limited, not extending beyond the works of Shakespeare, he has developed a universally acceptable understanding of aesthetics which is even recognized by the well-educated Mustapha Mond: "'*Othello*'s good, *Othello*'s better than those feelies.' 'Of course it is,' the Controller agreed. 'But that's the price we have to pay for stability. You've got to choose between happiness and what people used to call high art.'" (p. 264) There is no room for 'high art' in Mond's life because this is associated with a past world. When John asks him why the works of Shakespeare

Differing world views

are not being read, he responds: "Because it's old; that's the chief reason. We haven't any use for old things here." (p. 262)

For Mond, religion is also part of the old, the dispensable (see p. 275). He has studied religious works and even has a Bible and the works of Cardinal Newman[65] in his possession. During the dispute with John, he quotes from one of Newman's works: "Is it any happiness, or any comfort, to consider that we *are* our own? It may be thought so by the young and prosperous. These may think it a great thing to have everything, as they suppose, their own way – to depend on no one ... But as time goes on, they, as all men, will find that independence was not made for man – that it is an unnatural state – will do for a while, but will not carry us on safely to the end ..." (p. 277). However, Mond does not interpret this sequence from a theological point of view, but uses it to legitimise the dependency of the citizen on the State. Through this reinterpretation, Mond uses religion to the benefit of his (own) collective. For John, on the other hand, religion is of individual value and cannot be functionalised; he views it rather as something natural, something innate: "But isn't it *natural* to feel there's a God?" (p. 279). He thus sets himself apart from Mond who sees it as a mere socio-technical question: "People believe in God because they've been conditioned to believe in God." (p. 280). Unlike John, Mond rejects the idea of God as punitive authority: "The gods are just. No doubt. But their code of law is dictated, in the last resort, by the people who organize society; Providence takes its cue from men." (p. 281)

Mond and John as representatives of different worlds

The diametrically opposing positions of John and Mond are most evident in their understanding of what it means to be human. While John argues that the right to God, to poetry and to freedom (see

---

65 John Henry Cardinal Newman (1801–1890) is regarded as a modern theologian. He is considered to have been the pioneer for the Second Vatican Council of the 1960s.

p. 285) are all part of the human experience, Mond sees human life in terms of decline (see p. 286). Both Mond and John see themselves as humanists as both want people to be happy; John, however, wants it for the people themselves, while Mustapha Mond sees it as a necessity for the good of the State. Thus, Mustapha Mond can be seen as representing the new world, while John represents the old world.

Task 2 *

The people of the New World State have the same status as consumer goods. Explain using relevant passages from the text to support your answer.

Model answer:

Ovaries for money

There are numerous examples which show that the inhabitants of the New World State are treated and seen as nothing more than consumer goods. Key words such as predestination, the Bokanovsky Process and Podsnap's Technique, conditioning and predestination, and promiscuity clearly support this idea.

Even the creation of human beings is based on a business arrangement, with the donors of the ovaries receiving payment for their services. This *quid pro quo* is explained by the D.H.C. to a visiting student group as follows: "the operation undergone voluntarily for the good of Society, not to mention the fact that it carries a bonus amounting to six months' salary" (p. 23/24).

Mass production

The mass production of industrial goods has its analogies in the Bokanovsky Process and in Podsnap's Technique, which enable and speed up mass production of those people who are later destined to operate the machines. ("inety-six identical twins working ninety-six identical machines!" p. 26) An ovary which has been exposed to the

Bokanowsky Process starts to divide many times over. The dozens of creatures that result from this process are completely identical: "Identical twins – but not in piddling twos and threes as in the old viviparous days, when an egg would sometimes accidentally divide; actually by dozens, by scores at a time." (p. 26) Podsnap's Technique accelerates the maturing process, which increases the yield of embryos: "And in exceptional cases we can make one ovary yield us over fifteen thousand adult individuals." (p. 27)

The huge number of embryos serve as a reservoir and are stored so that they can be used when needed: "'The Predestinators send in their figures to the Fertilizers.' 'Who give them the embryos they ask for.'" (p. 30). This very much depends on the requirements of the market. "'So many individuals, of such and such quality,' said Mr. Foster. 'Distributed in such and such quantities.' 'The optimum Decanting Rate at any given moment.' 'Unforeseen wastages promptly made good.'" (p. 30). This principle follows the economic rule of supply and demand.

Conditioning and consumerism

Consumerism also plays a vital role in conditioning the people, – or put differently – conditioning leads to consumerism as D.H.C explains: "'We condition the masses to hate the country,' concluded the Director. 'But simultaneously we condition them to love all country sports. At the same time, we see to it that all country sports shall entail the use of elaborate apparatus. So that they consume manufactured articles as well as transport. Hence those electric shocks.'" (p. 45).

Promiscuity

Even the interaction between men and women can be seen in terms of this idea of consumerism. People are encouraged by the State to see each other as mere sexual partners and to have intercourse with as many people as possible as "... every one belongs to every one else" (p. 64). Through hypnopaedia people are taught to regard each other as mere consumer goods. Henry Foster demonstrates this when discussing Lenina Crowne with a colleague, with whom both of them have had an affair: "Like meat, like so much meat" (p. 78), as Marx observes. When it comes to sexual relations, Lenina Crowne does not see herself an autonomous, independent individual, but defines herself as an object. After her one-night stand with Bernard Marx, which he has rated rather cautiously, she briefly ruminates: "'But it was fun,' Lenina insisted. 'Wasn't it?' 'Oh, the greatest fun,' he answered, but in a voice so mournful, with an expression so profoundly miserable, that Lenina felt all her triumph suddenly evaporate. Perhaps he had found her too plump, after all." (p. 122/123)

Economic factors

A further indication of the way in which the World State treats human beings as objects can be seen in the conversation between John the Savage and Dr. Shaw regarding Linda's drug addiction. When John raises his objection to his mother being given Soma, fearing that it will lead to her premature death, Dr Shaw, as a representative for the new World State, merely responds by saying that as Linda is of no further use to the economy, her life could be shortened: "'Of course,' Dr. Shaw went on, 'you can't allow people to go popping off into eternity if they've got any serious work to do. But as she hasn't got any serious work ...'" (p. 190) As Linda is of no further use to society, she has lost her justification for life. She is disposed of like an empty tin can. Even the dead have to undergo a further industrial process and are put to further use. Cremated rather than buried, their ashes are collected during the cremation process and phosphorus P205 is recovered (see p. 99). Henry Foster explains the function of the dead as follows: "Fine to think we can go on being socially useful even after we're dead. Making plants grow." (p. 99).

Task 3 ***

Demonstrate how and why the World State infantilizes its citizens.

Model answer:

To be infantile means to be child-like (meaning lacking in mental maturity and not being able to take responsibility for one's own actions). An infantile person is a person who is dependent on another.

Stability of the political system

To ensure the so-called happiness of the individual and the stability of the political system, the State denies its citizens the freedom to make decisions and thus prevents the personal development of the individual. To achieve this, it makes use of certain techniques which are summarised as follows.

Prenatal designation

The incapacitation of the human being begins at the embryonic stage. Each embryo is predestined for a particular caste in the World State and is subjected to bio-chemical manipulation in line with the future role in society for which it has been designated: the embryos of lower castes thus receive less oxygen than the Alpha and Beta embryos since the lower castes are destined to be less intelligent, ensuring that they will be unable to develop any awareness of injustices in society. They are thus deliberately denied their potential intellectual abilities.

Conditioning and hypnopaedia

The incapacitation of the human being continues with conditioning and hypnopaedia, as Henry Foster explains to his students during their tour of the factory: "We also predestine and condition. We decant our babies as socialized human beings, as Alphas or Epsilons, as future sewage workers or future ... Directors of Hatcheries" (p. 34). Of interest here is Foster's choice of words. He calls them 'our babies'. From this one can conclude that the little people are seen as part of a collective ownership rather than as individuals with their own rights. The idea that a child is the property of the State explains the ruthlessness with which the conditioning is executed, as illustrated, for instance, by the treatment of the eight month old Delta babies, who as adults are destined for a life of heavy-duty, unskilled labour and therefore must not derive any pleasure from flowers or books. While the little unconditioned children initially react to the flowers and books with "twitterings of pleasure" (p. 41), after conditioning their reaction becomes one of terror: "the infants shrank away in horror" (p. 43). The D.H.C. on the other hand is very pleased: "They'll grow up with what the psychologists used to call an 'instinctive' hatred of books and flowers. Reflexes unalterably conditioned. They'll be safe from books and botany all their lives." (p. 43)

Early sex education

Infantilization is also implemented through early sex education, which is taught through hypnopaedia, ("e had Elementary Sex for the first forty minutes ..." p. 49) and supposed to develop into "a rudimentary sexual game" (p. 53) between children. The aim of these sexual acts is to prepare them for the kind of promiscuous behaviour which is expected of adults in the World State. Promiscuity is also part of the infantilization process. It provides the gratification of basic instincts and is of importance to the World State, which pursues a socio-political policy of instant satisfaction in its endeavour to suppress emotions such as social discontent and frustration. Bernard Marx is fully aware of this context, as his comment to his lover Lenina Crowne shows: "'It suddenly struck me the other day,' continued Bernard, 'that it might be possible to be an adult all the time.' 'I don't understand.' Lenina's tone was firm. 'I know you don't. And that's why we went to bed together yesterday – like infants – instead of being adults and waiting.'" (p. 122)

Emotions as a source of instability

Promiscuity is desired and supported by the State. A bonding between sexual partners on the other hand is not desired, on the contrary, it arouses suspicion. Lenina Crowne has to justify herself to her friend Fanny Crowne as she has been seeing the same man for the last four months. ("o you mean to tell me you're *still* going out with Henry Foster?" p. 64). The World State sees emotions as the source of instability which is why it rejects them. This is why Mustapha Mond explains to a group of students: "No pains have been spared to make your lives emotionally easy – to preserve you, so far as that is possible, from having emotions at all." (p. 68)

Soma

The drug policy is also aimed at countering any frustrations that people might experience; the citizens are encouraged to consume Soma, a drug which has been legalised by the world State. Its sedative effects suppress any undesired emotions without its user having to deal with its cause or trigger. Mustapha Mond further explains: "And if ever ... anything unpleasant should somehow happen, why, there's always *soma* to give you a holiday from the facts. And there's always *soma* to calm your anger, to reconcile you to your enemies, to make you patient and long-suffering." (p. 283)

The absence of intellectual challenges and the undermining of personal development lead to a deficiency in the emotional maturity of the individual. It is John, who, looking from the outside, makes this connection between drug consumption and the mental age of its users whilst attempting to prevent Soma from being distributed to Deltas: "Do you like being babies? Yes, babies." (p. 256) The Deltas do indeed lack emotional maturity, as their angry reaction to John's intent to pour the soma down the drain demonstrates: "The words 'Throw it all away' pierced through the enfolding layers of incomprehension to the quick of the Deltas' consciousness. An angry murmur went up from the crowd." (p. 254/255)

Infantility is demanded

This type of behaviour is quite in keeping with the philosophy of the World State, which expects its citizens to remain in a state of infantility, and which conditions and controls them to this end, even keeping dossiers on their behaviour. The Alpha Bernard Marx, who seeks solitude, has an eye for beauty and the whims of nature and who would prefer to avoid participating in sports or indeed any other activities created by the World State, is warned during an official meeting with the D.H.C over his abnormal behaviour, as the State sees it. He is reprimanded and threatened with sanctions if he does not revert back to an infantile behaviour: "'Alphas are so conditioned that they do not *have* to be infantile in their emotional behavior ... It is their duty to be infantile, even against their inclination. And so, Mr. Marx, I give you fair warning.' The Director's voice vibrated with an indignation that had now become wholly righteous and impersonal – was the expression of the disapproval of Society itself. 'If ever I hear again of any lapse from a proper standard of infantile decorum, I shall ask for your transference to a Sub-Centre – preferably to Iceland.'" (p. 127)

Individuality is not tolerated

The D.H.C.'s treatment of Bernard Marx clearly illustrates the fact that the World State (and the D.H.C. as its representative) does not tolerate individuality and expects total conformity. Individuality is a sign of independence which is not desired by the World State. All human beings must be kept dependent upon the State at all times. One of its most important representatives, Mustapha Mond, explains the underlying principle legitimising this as follows: "'Stability,' insisted the Controller, 'stability. The primal and the ultimate need. Stability. Hence all this.'" (p. 67)

Task 4 ***

Demonstrate the different stages of John's state of disillusionment. Support your answer with relevant quotes from the text.

Model answer:

Joy in anticipation of a new life

John enters the new world full of joy and with child-like expectations. He is happy on account of Lenina Crowne, with whom he has fallen in love, but also because of all the stories and reports he has heard from his mother, who has glorified the new world in response to all the misery suffered in the Reservation. The hours Linda spent telling him about the new world were amongst the happiest: "The happiest times were when she told him about the Other Place." (p. 160) The stories aroused his curiosity but at the same time left him feeling discontented because Linda was unable to quench his thirst for knowledge, despite her best efforts to do so: "It was the same with everything else he asked about. Linda never seemed to know." (p. 163) Ultimately, John hopes that his new life will put an end to the discrimination he suffered as an outsider in the Reservation.

When Bernard Marx invites him to return to London with him, he is beside himself with happiness: "The young man drew a deep breath. 'To think it should be coming true – what I've dreamt of all my life.'" (p. 173) The trip to London is a dream come true for John. The thought that Bernard Marx might not be doing this for purely altruistic reasons does not occur to him.

A frustrating experience with his father

Almost as soon as he has arrived in the New World, he has an experience which confuses him. He meets his father, the D.H.C., and falls to his knees before him. However, instead of receiving the fatherly attention he expects, he is met with rejection: "Pale, wild-eyed, the Director glared about him in an agony of bewildered humiliation." (p. 187) This is the beginning of a chain of events that lead to his disillusionment.

During the first months of his new life in the New World John is shown ingenious technological achievements, but these fail to make much of an impression on him, as Bernard Marx writes in his report about John to Mustapha Mond: "'The Savage,' wrote Bernard in his report to Mustapha Mond, 'shows surprisingly little astonishment at, or awe of, civilized inventions. ... Partly on his interest being focussed on what he calls 'the soul,' which he persists as regarding as an entity independent of the physical environment;'" (p. 194).

Psychosomatic illness

"ivilized inventions" trigger psychosomatic illness in John: When visiting an aeronautics company he is physically sick at the sight of numerous Bokanovsky groups (see p. 195–197). At the elite school of Eton, too, ("ive minutes in that Alpha-Double-Plus classroom left John a trifle bewildered." p. 198) where during a Geography lesson he has the humiliating experience of having to listen to disparaging remarks made about the Reservation and its inhabitants, he fails to find the spiritual richness and spirituality he is looking for. Finally, he is given to understand that the works of William Shakespeare, which have helped him to gain an insight and understanding of the world, are of no value. John's first reaction to these events and experiences is to turn his back on this society. From now on he is no longer willing to allow Bernard Marx to use him as an attraction: "You ought to have asked *me* first whether I wanted to meet *them*." (p. 211)

Shakespeare's works are considered to be of no value

Promiscuity instead of true love

Even love leads to John's alienation from the New World. In the Reservation John learnt about the institution of marriage, and through Shakespeare's works about the elevation of the woman who is cherished and the dirtiness of mere desire. When he sees a sleeping Lenina Crowne shortly before his departure from the

Reservation, he is so moved that he quotes from both *Troilus and Cressida* and *Romeo and Juliet* (see p. 179). John projects the beauty and uniqueness of woman invoked there onto Lenina, thus placing her on a pedestal out of his own reach, which is why he retreats into admiring her from afar and is ashamed of his desire for her. John displays this behaviour in London, too. After watching the "Feelie" an aroused Lenina grabs his arm and squeezes it. John's reaction is ambivalent: "He looked down at her for a moment, pale, pained, desiring, and ashamed of his desire." (p. 208)

Disappointment at Lenina's behaviour

Finally, it seems that they do end up finding each other. When Lenina surprises him with an unexpected visit, he professes his love for her, resorting hereby to quotes from *The Tempest* (see p. 230). In general, he behaves so clumsily that Lenina ends up taking the initiative and begins to undress. John is deeply shocked by this behaviour. He wants to worship Lenina, but he has no wish to engage in any physical act of love-making with her: "'The murkiest den, the most opportune place' …, 'the strongest suggestion our worser genius can, shall never melt mine honour into lust. Never, never!' he resolved." (p. 233) Lenina is no demure Julia. Her behaviour fills John with fear: "She held out her arms. But instead of also saying 'Darling!' and holding out *his* arms, the Savage retreated in terror, flapping his hands at her as though he were trying to scare away some intruding and dangerous animal." (p. 234/235) Finally, his fear turns to contempt and he begins to abuse her. John is horrified at the sensual side of love, which is alien to him, and which Lenina is offering him freely. Her behaviour clashes with his view of the world, which has been formed by Shakespeare and in the Reservation where such behaviour is frowned upon. At the same time, however, he is frightened by how much Lenina's sensuality appeals to him.

Circumstances of Linda's death

A further stage in John's disillusionment are the circumstances in which his mother Linda dies. Sitting at Linda's deathbed at the "Park Lane Hospital for the Dying" John recognises that death has been trivialised in the World State. Piety and dignity have lost their meaning, which is why her deathbed is beleaguered by idiotic sexagenarians, whose behaviour he considers to be entirely inappropriate: "They swarmed between the beds, clambered over, crawled under, peeped into the television boxes, made faces at the patients." (p. 244)

John rebels against the system

All these events lead after Linda's death to John's attempt to start a revolt while trying to prevent Soma from being distributed. This represents a further stage in John's process of disillusionment: Whereas initially his rebellion had only been directed at representatives of the system, now it is the system itself which he is turning against. This leads him straight to Mustapha Mond. He gives John a behind the scenes view of the World State, from which John has now distanced himself completely, arguing for his own understanding of humanity: "But I don't want comfort. I want God, I want poetry, I want real danger, I want freedom, I want goodness. I want sin." (p. 285) He breaks with the World State, the New World he had once so longed for, and subjects himself to a cleansing process in the same manner as the Indians: "'Now I am purified,' said the Savage. 'I drank some mustard and warm water.'" (p. 287)

Completely disillusioned with himself

John moves into a remote lighthouse where he wishes to live according to his own moral principles and to have nothing more to do with civilization. There is however something compulsive about his rejection of civilization: "Guiltily he blushed. After all, it was not to sing and enjoy himself that he had come here. It was to escape further contamination by the filth of civilized life; it was to be purified and made good; it was actively to make amends." (p. 293/294) Ultimately, John cannot live up to his own high standards. He succumbs to human weakness and starts to act in a manner similar to the citizens of the New World he so despises. This shocks him so much that he hangs himself. In the end, he is completely disillusioned with himself.

LITERATUR

Zitierte Ausgabe:

Huxley, Aldous: *Brave New World*. Hrsg. von Dieter Hamblock. Stuttgart: Reclam, 2008.

Deutsche Übersetzung:

Huxley, Adlous: *Schöne neue Welt*. Übersetzt von Herberth E. Herlitschka. Fischer Taschenbücher Band 26. Frankfurt am Main: Fischer, 58. Auflage 2000. → In der deutschen Übersetzung von Herlitschka wurden einige Figuren umbenannt und die Handlung nach Berlin und Norddeutschland verlegt (vgl. dazu die „Vorbemerkung des Übersetzers" auf Seite 5). Dies geschah mit Einverständnis Huxleys.

Biografie und Biografisches:

Bedford, Sybille: *Aldous Huxley. A Biography*. Chicago: Ivan R. Dee, 2002.

Birnbaum, Milton: *Aldous Huxley: A quest for values*. New Jersey: Transaction Publishes, 2006.

Schumacher, Theo: *Aldous Huxley*. Mit Selbstzeugnissen und Bilddokumenten. Reinbek bei Hamburg: Rowohlt Verlag, 1998. → Informative Kurzbiografie inklusive ausführlicher Bibliografie.

Mike Wallace: *The Mike Wallace Interview. Aldous Huxley. 18.05.1958.* http://www.hrc.utexas.edu/multimedia/video/2008/wallace/huxley_aldous.html (Stand Jan. 2013). → Interessantes Interview zwischen Mike Wallace und Huxley.

Zu *Brave New World*:

Adorno, Theodor. W.: *Aldous Huxley und die Utopie.* In: Gesammelte Schriften, Bd. 10. Frankfurt: Suhrkamp Taschenbuch Verlag 1997.

Astrachan, Anthony: *Aldous Huxley's Brave New World*. New York: Barron's Educational Series, 1984.

Beckham, Richard H.: *Huxley's Brave New World as Social Irritant: Ban It or Buy It?* In: N. Karolides, L. Burress, J. M. Kean (Hrsg.): Censored Books: Critical Viewpoints. Lanham: Scarecrow Press 1993, S. 136–141.

Bode, Christoph: *Aldous Huxley, „Brave new world"*. 2., verb. Aufl. München: Fink, 1993. → Unterhaltsam und informativ. Setzt sich mit vielen Rezensionen auseinander.

Firchow, Peter Edgerly: *End of Utopia: A Study of Aldous Huxley's Brave New World.* Lewisburg: Bucknell University Press 1984.

Kass, Leon R.: *First Things. Aldous Huxley, Brave New World.* www.leaderu.com/ftissues/ft0003/articles/huxley.html (Stand Jan. 2013) → Ein Aufsatz, der sich in prägnanter Form auf dem Hintergrund des Romans mit inhumanen Tendenzen in der Gesellschaft auseinandersetzt.

Lobb, Edward: *The Subversion of Drama in Huxley's Brave New World*. In: The International Fiction Review 11, Nr. 2/1984, S. 94–101. Im Internet unter http://journals.hil.unb.ca/index.php/IFR/article/view/13701/14783 (Stand Jan. 2013). → Sehr interessanter Aufsatz, der die Einbettung und Funktion der Zitate aus Tragödien und Komödien Shakespeares erklärt.

Meckier, Jerome: *Aldous Huxley. Modern Satirical Novelist of Ideas*. Berlin: LIT Verlag, 2006.

Plimpton, George (Hrsg.): *Writers at Work. The 'Paris Review Interviews'*. Second Series. New York: Penguin Books, 1963.

Poppe, Reiner: *Interpretation zu Aldous Huxley: Schöne neue Welt (Brave New Word).* Königs Erläuterungen Band 338. Hollfeld: Bange, 5. Auflage 2010. → Vorläufer dieses Bandes.

Watt, Conrad (Hrsg.): *Aldous Huxley. The Critical Heritage.* London, New York: Routledge 1975. → Aufschlussreiches Buch, das Huxley und sein Werk im Spiegel zeitgenössischer Schriftstellerinnen und Schriftsteller zeigt.

Übergreifende Darstellungen:

Adams, Mary (Hrsg.): *Science in the Changing World.* London: Allen & Unwin,1933.

Fehl, Gerhard: *Fordismus und Städtebau um 1930: „Auflösung" oder „Auflockerung" der Großstadt?* http://e-pub.uni-weimar.de/opus4/files/1065/Gerhard_Fehl.pdf

Lee, Hermione: *Virginia Woolf. Ein Leben.* Frankfurt am Main: S. Fischer Verlag, 1999.

Spörl, Uwe: *Basislexikon Literaturwissenschaft.* 2. Auflage. Göttingen: UTB, 2006. → Ein sehr gutes Lexikon eines sehr guten Dozenten, auch für Abiturienten bestens geeignet.

Schweikle, Günther, Schweikle Irmgard (Hrsg.): *Metzler Literatur Lexikon.* Stuttgart: Metzler 1990.

Watson, John B.: *Psychology as the behaviorist views it.* Psychological Review 20, 1913, S. 158–177. Im Internet unter http://pages.pomona.edu/~rt004747/lgcs11read/Watson13.pdf (Stand Jan. 2013).

Zimbardo, Philip G.: *Psychologie.* Berlin, Heidelberg: Springer, 1992, S. 242.

Internet-Adressen:

www.somaweb.org (Stand Jan. 2013)

→ The intellectual, satirical, spiritual, hypnotic, and philosophical world of Aldous Huxley.

www.spartacus.schoolnet.co.uk/Jhuxley.htm (Stand Jan. 2013)

→ Biografie und Werke Huxleys.

Verfilmungen:

Brave New World.
Großbritannien 1980 (TV).
Regie: Burt Brinkerhoff.

Brave New World. USA 1998 (TV).
Deutscher Titel: *Geklonte Zukunft.*
Regie: Leslie Libman, Larry Williams.

Hörspiel:

Brave New World. USA 1956 (CBS).
Erzähler: Aldous Huxley.

STICHWORTVERZEICHNIS

KÖNIGS ERLÄUTERUNGEN
SPEZIAL

Alles zur Vorbereitung auf das Englisch-Abitur

- wichtige Prüfungsthemen in allen Bundesländern
- ideal zur Vorbereitung

How to Cope with Statistics

Study and writing aids
for advanced learners

Dieser Kompaktkurs in Statistik für Einsteiger hilft beim Umgang mit Daten und Zahlen ebenso wie mit Tabellen und Diagrammen.

Als E-Book

English Composition, Focus on Commenting (AFB III)

...a user-friendly primer of essential writing skills; suitable for classroom lessons and for self-teaching

Dieser Kompaktkurs macht Oberstufenschüler und Studenten mit den grundlegenden Anforderungen des Comments im Englischen vertraut.

Als E-Book

Bange Verlag

Alles zur Vorbereitung auf Referat, Klausur, Abitur, und Matura
www.königserläuterungen.de

www.bange-shop.de

KÖNIGS ERLÄUTERUNGEN
SPEZIAL

Alles zur Vorbereitung auf das Englisch-Abitur

→ wichtige Prüfungsthemen in allen Bundesländern
→ ideal zur Vorbereitung

My Son the Fanatic. Textanalyse und Interpretation

- Hanif Kureishi: Leben und Werk
- Inhaltsangabe
- Aufbau
- Personenkonstellation und Charakteristiken
- Interpretationsansätze
- Rezeptionsgeschichte

Shakespeare bei den Königs Erläuterungen

- Hamlet
- Macbeth
- Much Ado About Nothing – Viel Lärm um Nichts
- Othello
- Romeo and Juliet – Romeo und Julia
- The Merchant of Venice – Der Kaufmann von Venedig

English Composition, Focus on Commenting (AFB III)

...a user-friendly primer of essential writing skills; suitable for classroom lessons and for self-teaching

Dieser Kompaktkurs macht Oberstufenschüler und Studenten mit den grundlegenden Anforderungen des Comments im Englischen vertraut.

How to Cope with Statistics

Study and writing aids for advanced learners

Dieser Kompaktkurs in Statistik für Einsteiger hilft beim Umgang mit Daten und Zahlen ebenso wie mit Tabellen und Diagrammen.

Bange Verlag

Alles zur Vorbereitung auf Referat, Klausur, Abitur, und Matura
www.königserläuterungen.de

www.bange-shop.de

DIGITALES ZUSATZMATERIAL

Literarisch vernetzt! Über 600 Materialien online.

Neuerscheinungen, Aktionen, kostenlose Angebote und Infos rund um Literatur.

Melden Sie sich gleich an – es lohnt sich!*

- über **150 Gedichtinterpretationen** je 0,99 Euro
- über **200 Königs Erläuterungen** als PDF
- **Königs Erläuterungen** jetzt auch **als E-Book** für alle gängigen Lesegeräte, iPad und Kindle
- über **50 MP3** mit Audio-Inhaltszusammenfassungen zu gängigen Werken kostenlos!

+ über **150 kostenlose Abituraufgaben**
+ Anleitung „Wie interpretiere ich?“ kostenlos!
+ Anleitung „Wie halte ich ein Referat?“ kostenlos!
+ Literaturgeschichte von A-Z kostenlos!

Seien Sie immer aktuell informiert mit unserem **Newsletter** oder über unsere **Social-media-Plattformen.**

Königs Erläuterungen

www.bange-verlag.de

* Sie erhalten max. 1 Newsletter monatlich!

facebook

www.königserläuterungen.de www.bange-verlag.de